Julian Nebel

UNNÜTZES
ALKOHOL
WISSEN

W0177187

Julian Nebel

UNNÜTZES

ALKOHOL WISSEN

Von Absinth bis Zombie

riva

Bibliografische Information der Deutschen Nationalbibliothek
Die Deutsche Nationalbibliothek verzeichnet diese Publikation in der Deutschen Nationalbibliografie.
Detaillierte bibliografische Daten sind im Internet über http://d-nb.de abrufbar.

Für Fragen und Anregungen
info@rivaverlag.de

Originalausgabe
1. Auflage 2020
© 2020 by riva Verlag, ein Imprint der Münchner Verlagsgruppe GmbH
Nymphenburger Straße 86
D-80636 München
Tel.: 089 651285-0
Fax: 089 652096

Alle Rechte, insbesondere das Recht der Vervielfältigung und Verbreitung sowie der Übersetzung, vorbehalten. Kein Teil des Werkes darf in irgendeiner Form (durch Fotokopie, Mikrofilm oder ein anderes Verfahren) ohne schriftliche Genehmigung des Verlages reproduziert oder unter Verwendung elektronischer Systeme gespeichert, verarbeitet, vervielfältigt oder verbreitet werden.

Redaktion: Silke Panten, Berlin
Umschlaggestaltung: Marc-Torben Fischer, München
Umschlagabbildung: Shutterstock.com/46design; Shutterstock.com/Alexander_P
Layout: Sonja Vallant, München
Abbildungen Innenteil: Shutterstock/Alexander_P
Satz: Satzwerk Huber, Germering
Druck: CPI books GmbH, Leck
Printed in Germany

ISBN Print 978-3-7423-1462-8
ISBN E-Book (PDF) 978-3-7453-1136-5
ISBN E-Book (EPUB, Mobi) 978-3-7453-1137-2

Weitere Informationen zum Verlag finden Sie unter

www.rivaverlag.de

Beachten Sie auch unsere weiteren Verlage unter www.m-vg.de

Inhaltsverzeichnis

☞ Allgemeines zu Alkohol ☞

In Wien gibt es ein Alkoholverbot für Hundeausführer. Bestimmte Hunderassen dürfen nicht Gassi geführt werden, wenn der Hundeführer mehr als 0,5 Promille Alkoholgehalt im Blut hat. Hierzu gehören Bulldoggen und Rottweiler. Bei einem Verstoß beträgt die Mindeststrafe 1000 Euro.

Am höchsten ist der Alkoholkonsum in Weißrussland mit über 17 Litern pro Kopf und Jahr. Am geringsten in Pakistan, wo es aber sicher eine hohe Dunkelziffer gibt.

Die gesellschaftliche Akzeptanz des Alkohols führt dazu, dass eine leichte Alkoholisierung als »Schwips« verharmlost wird.

Medizinisch wurde früher der Alkoholeinlauf empfohlen, also das Einführen von Alkohol in den Mastdarm. Diese Methode ist deutlich gefährlicher als die Einnahme von Alkohol durch den Mund.

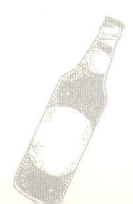

Brüderschaft zu trinken bezeichnet ursprünglich den Übergang vom Siezen zum Duzen im Rahmen des gemeinsamen Trinkens.

Das Wort »Prost« kommt ursprünglich vom lateinischen »Prosit«: »Es möge nützen.« Das Wort kam über die Studentensprache in den allgemeinen Sprachgebrauch.

In der ägyptischen und griechischen Antike galt ein Rausch als eine Art mystischer Zustand, der den Kontakt zu einer höheren Welt ermöglichte. Den Römern ging es schließlich nur ums Trinken, ohne Mystik.

Bis in die Neuzeit hinein wurde Alkohol in viel größeren Mengen getrunken als heute, was vor allem an der schlechten Wasserqualität lag.

Im 16. Jahrhundert wurden Sachsen, Brandenburg, Pommern und Mecklenburg »die großen Trinklande« genannt.

Martin Luther sagte einmal: »Es muß ein jeglich Land seinen eigenen Teufel haben [... und] unser Deutscher Teufel wird ein guter Weinschlauch seyn.«

Konsumstatistiken zeigen, dass in der Geschichte der Alkoholkonsum in dem Maße zurückging, in dem der Kaffeekonsum zunahm.

Mit »Nachdurst« oder »Brand« bezeichnet man den Durst nach starkem Alkoholkonsum. Alkoholkonsum führt nämlich zur Dehydratation durch verstärkten Harndrang. Im Bierzelt häufiger auf die Toilette zu müssen, ist also keine Einbildung.

Die Redewendung, dass »etwas zur Neige geht« kommt vom Fass, das geneigt werden muss, um die letzten Reste ausschöpfen zu können. Auch den letzten Rest im Glas nennt man Neige – oder in Bayern »Noagerl«.

1974 wurde in den USA ein Patent auf Alkoholpulver erteilt, das in Wasser aufgelöst ein alkoholhaltiges Getränk ergibt. Es wurde allerdings nie vermarktet.

———————————

Durch die jahrhunderte- und jahrtausendelange gesellschaftliche Trinkkultur haben sich eine Reihe von Trinksitten entwickelt, die heute noch üblich sind und allesamt gemeinschaftsstiftende Funktionen haben. Weit verbreitet ist immer noch das Anstoßen, das häufig von Trinksprüchen (etwa »Prost«) begleitet wird. Es ist aber wohl eine Legende, dass das Anstoßen der Verhinderung von Giftmorden gelten sollte – angeblich sollten sich durch das Berühren der Trinkgefäße immer einige Tropfen der Getränke vermischen.

———————————

Früher galt, vor allem in England, derjenige viel, der viel vertrug. Es entstand auch die Redewendung »Drunk like a lord«. Das Rauschtrinken setzte sich damit zunächst in der Oberschicht durch und wurde dann von der Arbeiterklasse nachgeahmt.

———————————

Parallel zum englischen Oberschichtenalkoholismus entstand im Zeitalter der Industrialisierung der Elendsalkoholismus in Kontinentaleuropa. Schnaps wurde für ausgebeutete Arbeiter häufig Lohnbestandteil,

was den Elendsalkoholismus noch förderte. Besonders ausgeprägt war er in Preußen, den USA, in Skandinavien, Großbritannien und Irland. Wenig anfällig für den Elendsalkoholismus waren Bayern und Italien – beides Länder, in denen Bier und Wein immer schon als Nahrungsmittel, nicht als Genussmittel, galten.

Kneipen haben besondere gesellschaftliche Gepflogenheiten. Während es in Restaurants eher unüblich oder auch sozial unerwünscht ist, wildfremde Gäste anzusprechen, ist dies in der Kneipe geduldet oder sogar gewünscht.

Tresen gibt es erst seit ca. 1900, vorher saßen alle Gäste an Tischen auf Stühlen. Tresen wurden schließlich zeitgleich mit den härteren Getränken populär, die schneller getrunken, quasi im Stehen heruntergekippt wurden.

Das Eigenbrauer-Syndrom ist eine seltene Darmerkrankung, bei der die Mikrobiologie des Darms gestört ist. Es siedeln sich Hefepilze an, die Alkohol produzieren und so zu einer dauernden Alkoholisierung der Erkrankten führen.

Die Anonymen Alkoholiker wurden im Jahr 1935 durch einen Börsenmakler (Bill W.) und einen Arzt (Dr. Bob) gegründet.

Analog zum Roten Kreuz gründete sich im Jahr 1877 in Genf auch das Blaue Kreuz, eine christliche Selbsthilfeorganisation gegen Alkoholsucht.

Eine der ältesten Alkoholiker-Selbsthilfeorganisationen sind die Guttempler, die sich schon 1851 in den USA gründeten und bereits seit 1873 in Deutschland aktiv sind.

Vorläufer der heutigen Entzugskliniken gab es schon ab ca. 1850: die sogenannten Trinkerheilanstalten. Diese konzentrierten sich aber vor allem auf den körperlichen Entzug, eine begleitende Therapie gab es noch nicht.

Schon seit der Antike gibt es Trinklieder; selbst die Römer pflegten bei ihren Orgien zu singen.

Beweissichere Messgeräte zur Atemalkoholbestimmung bei Verkehrs-kontrollen sind in der DIN VDE 0405 festgehalten.

Das Wort »Kater« für das Unwohlsein nach starkem Alkoholkonsum stammt aus der Studentensprache des 19. Jahrhunderts und ist ein verballhorntes »Katarrh«. Das Wort »Katzenjammer« hat einen ande-ren Ursprung, nämlich handelt es sich um eine harmlose Abwandlung von »Kotzenjammer«.

Das beste Mittel gegen Kater ist – außer schlicht gar keinen Alkohol zu trinken –, dem Körper während und nach dem Trinken ausreichend und konstant Wasser zuzuführen und vor dem Zubettgehen noch ein großes Glas Mineralwasser zu trinken. Der Konsum zuckerhaltiger Alko-holika verschlimmert den Kater.

Konterbier, Reparaturseidl und ähnliche Hausmittel helfen leider nicht gegen Kater.

Die gesetzlichen Promillegrenzen im Straßenverkehr sind weltweit sehr unterschiedlich. Während es in vielen Ländern eine Nullpromillegrenze gibt (z.B. in Rumänien oder den Philippinen), sind anderswo deutlich mehr Promille erlaubt. In Guinea-Bissau sind 1,5 Promille erlaubt und in anderen Ländern gibt es gar keinen gesetzlichen Grenzwert.

In folgenden Ländern gibt es gar keine gesetzliche Promillebeschränkung: Gambia, Indonesien, Kenia, Libanon, Libyen, Niger, Togo und Trinidad und Tobago. Das bedeutet aber nicht zwangsläufig, dass alkoholisiertes Fahren dort erlaubt ist.

Eine Studie der englischen Universität von Portsmouth kam zum Ergebnis, dass Alkohol bei lauter Musik süßer schmeckt und daher in größeren Mengen getrunken wird.

In der Wildwestliteratur bezeichnen die Indianer Nordamerikas Spirituosen gemeinhin als »Feuerwasser«. Mittlerweile kann nicht mehr genau nachvollzogen werden, ob dies tatsächlich so war oder ob es eine Erfindung ist. Der Begriff »Feuerwasser« taucht nach dem *Oxford English Dictionary* erstmals in James Fenimore Coopers Roman *Der letzte Mohikaner* auf. Jedoch berichtet schon der französische Abenteurer

Jean Bossu in seinen Reisebeschreibungen des 18. Jahrhunderts vom Feuerwasser.

———————————

Einige Indianerstämme hatten besonders wohlklingende Namen für Spirituosen. Die Mohawk bezeichneten Schnaps als »Sinneswandler« und die Nakota als »verrückt machendes Wasser«.

———————————

»Aguardiente« (spanisch) oder »Aguardente« (portugiesisch) bezeichnen Spirituosen ab 40 Prozent Volumenalkohol und bedeuten: »brennendes Wasser«.

———————————

Ethanol, also Alkohol, hat die Formel C_2H_5OH. Das kann man sich mit folgender Eselsbrücke, die die Anfangsbuchstaben der Strukturformel rückwärts beschreiben, gut merken: Herr Ober, 5 Helle, 2 Corn.

———————————

Cenosillicaphobie ist die Angst vor leeren Gläsern.

———————————

Laut einer Studie der Weltgesundheitsorganisation starben im Jahr 2012 mehr als 3,3 Millionen Menschen an den Folgen von Alkoholkonsum.

––––––––––––––

Im schwedischen Malmö wurde 2005 ein Seniorenheim von einer Herde besoffener Elche belagert. Die aggressiven Tiere hatten vergorenes Obst gefressen und mussten von bewaffneten Polizisten vertrieben werden.

––––––––––––––

☞ Absinth ☜

»Absinth« ist die Eindeutschung des französischen »absinthe«, das ursprünglich »Wermut« bedeutet.

Absinth wird auch »die grüne Fee« genannt: wegen ihrer Farbe und wegen der besonderen Wirkung des darin enthaltenen Thujons, das unter anderem zu Halluzinationen führen kann.

Thujon ist ein Nervengift, das in höherer Dosierung Verwirrtheit und epileptische Krämpfe hervorrufen kann. Aus diesem Grund wurde in der Europäischen Union der Thujongehalt in alkoholischen Getränken begrenzt.

Absinth wurde ursprünglich im 18. Jahrhundert im Schweizer Kanton Neuenburg hergestellt. Um 1900 war Absinth eines der beliebtesten Getränke, stand aber auch im Ruf, besonders starke Rauschzustände hervorzurufen und gesundheitsschädlich zu sein. Anfang des 20. Jahrhunderts wurde er in fast ganz Europa und den USA verboten.

Dr. Ordinaire, der Erfinder des modernen Absinth, entwickelte eine neue Rezeptur, bestehend aus Wermut, Anis, Ysop und Fenchel.

1907 gingen 4000 Demonstranten in Paris unter dem Slogan »Tous pour le vin, contre l'absinthe« (Alle für den Wein und gegen den Absinth) auf die Straße. Wein galt im Frankreich jener Zeit als gesundes Getränk und als Grundnahrungsmittel.

Ein spektakulärer Mordfall im August des Jahres 1905 in der Schweizer Gemeinde Commugny sorgte europaweit für Aufsehen und war der letzte Anstoß, Herstellung und Verkauf von thujonhaltigen Getränken in den meisten europäischen Ländern und den USA gesetzlich zu verbieten. Der Weinbergarbeiter Jean Lanfray war starker Alkoholiker, der bis zu 5 Liter Wein pro Tag trank. An dem Tag, an dem er seine schwangere Frau, seine zweijährige Tochter Blanche und seine vierjährige Tochter Rose in einem Wutanfall ermordete, hatte er neben Wein auch Branntwein sowie zwei Gläser Absinth zu sich genommen. In der Verbotsdebatte, an der sich auch Weinproduzenten lebhaft beteiligten, konzentrierte man sich nur auf den Absinth, der dem Mord unmittelbar vorausgegangen war. In Belgien nahm man den Vorfall zum Anlass, noch im selben Jahr Absinth zu verbieten. In der Schweiz wurde das Absinth-Verbot im Jahre 1910 aufgrund einer Volksinitiative, bei der sich am 5. Juli 1908 63,5 Prozent der abstimmenden männlichen

Bevölkerung dafür aussprachen, in die Verfassung aufgenommen. Das Verbot trat am 7. Oktober 1910 in Kraft.

Pastis war das Ersatzgetränk für Absinth und hatte eine ähnlich grüne Farbe, wurde jedoch ohne Wermut hergestellt. Der Name kommt vom Wort »pastiche« und bedeutet »Nachahmung«.

Absinth war das Künstlergetränk schlechthin. Charles Baudelaire, Vincent van Gogh, Paul Gauguin, Edgar Allan Poe, Ernest Hemingway und Oscar Wilde beispielsweise waren überzeugte Absinthtrinker. Edouard Manet schuf sogar ein Gemälde mit dem Namen *Der Absinthtrinker.*

Dem französischen Staatspräsidenten François Mitterrand wurde 1983 auf einem Staatsbesuch in der Schweiz ein mit Absinth glasiertes Soufflé serviert. Der Koch wollte auf das immer noch geltende Verbot aufmerksam machen, das aus seiner Sicht sinnlos war. Er musste eine Hausdurchsuchung erdulden und für vier Tage ins Gefängnis.

Seit 1998 ist Absinth in Deutschland und Österreich wieder erhältlich, seit 2005 in der Schweiz, nachdem sich eine besondere Gefährlichkeit nicht herausstellte.

Absinth wird nicht pur getrunken, sondern mit Wasser verdünnt. Die eigentlich klare Flüssigkeit wird dabei trüb, was am ätherischen Öl Anethol liegt, das im Absinth enthalten ist.

Bekannt ist das Feuerritual: Ein Zuckerwürfel wird auf einem speziellen Absinthlöffel auf das Absinthglas gelegt und dann mit dem Absinth übergossen. Der getränkte Zuckerwürfel wird dann angezündet. Dieses Ritual hat aber keine Tradition, sondern wurde in den 1990er-Jahren von tschechischen Absinthproduzenten erfunden.

Das französische Trinkritual ist dagegen historisch belegt. Ähnlich wie beim Feuerritual wird der Absinth mit Zucker getrunken. Dazu werden ein oder zwei Stück Würfelzucker auf einem Absinthlöffel platziert und es wird sehr langsam kaltes Wasser über den Zucker gegossen oder geträufelt. Das Mischungsverhältnis liegt bei 1:3 bis 1:5.

Bei der Schweizer Trinkweise werden 2 bis 4 Zentiliter Absinth mit kaltem Wasser vermischt. Auf Zucker wird verzichtet.

———————————

Ernest Hemingway erfand den »Death in the Afternoon«: Champagner und Absinth.

———————————

Udo Lindenbergs Lieblingsgetränk ist Eierlikör mit Absinth.

———————————

In Francis Ford Coppolas Horrorfilm *Bram Stokers Dracula* trinkt Graf Dracula mit Mina Absinth.

———————————

Der 5. März ist der Tag des Absinth – denn am 5. März 2007 wurde in den USA das Verbot aufgehoben.

———————————

☞ Bier ☜

Woher das Wort »Bier« kommt, weiß niemand genau. Eine von mehreren Theorien besagt, dass es vom lateinischen »bibere« kommt, was »trinken« bedeutet. Und weil Bier hierzulande vor allem in Klöstern gebraut und getrunken wurde, ist das durchaus wahrscheinlich.

Schon vor ca. 13 000 Jahren wurde im Vorderen Orient Bier gebraut.

Das Bierbrauen der Sumerer in Mesopotamien führte zu dem, was wir heute »Bierbrot« nennen: Halb gebackenes Brot wurde in Wasser eingeweicht, um einen fermentierten Sud zu erhalten; häufig aromatisiert mit Honig und Kräutern. Da es die gleichen grundlegenden Zutaten wie Brot hatte, galt es gleichermaßen als nahrhaftes Essen.

Der Codex Hammurapi, eine der ältesten Gesetzessammlungen der Welt, widmet sich besonders ausführlich dem Bier: Zahlreiche Paragrafen beschäftigen sich mit seiner Herstellung, dem Bierpreis und seiner Zuteilung. So hatten babylonische Provinzverwalter und Hohepriester

Anrecht auf die Höchstmenge von rund 5 Litern pro Tag, den Hofdamen des Königs standen immerhin noch 3 Liter zu.

Patrick McGovern ließ Bier nach dem wahrscheinlich ältesten Rezept der Welt brauen. Der amerikanische Archäologe schaffte es mittels chemischer Analysen, etwa 9000 Jahre alten Tonscherben aus China die nötigen Zutaten zu entlocken. Das Gefäß hatte einst Bier enthalten

---

Im Mittelalter und in der frühen Neuzeit war es üblich, verschiedenste Zutaten ins Bier zu mischen, etwa Kräuter oder sogar Drogen. Belegt sind Zusätze von Tollkirschen, Schlafmohn, Muskat oder Bilsenkraut, die allesamt berauschend wirken.

Als Reaktion auf die vielen Zusätze im Bier wurde in Bayern 1516 das Bayerische Reinheitsgebot erlassen. Es ist quasi ein frühes Drogengesetz, das nur noch Gerste, Hopfen und Wasser für die Bierherstellung erlaubte.

Eine andere Theorie besagt, dass das Bayerische Reinheitsgebot eine Reaktion auf die immer schlechter werdende Qualität des Biers sei. Der Bierpreis wurde nämlich durch die Regierung festgelegt und möglichst niedrig gehalten, um die Bevölkerung bei Laune zu halten. Die Brauer reagierten darauf mit niedrigerer Qualität.

––––––––––––

Mit dem Tag des deutschen Bieres wird seit 1994 der Erlass der bayerischen Landesordnung im Jahr 1516 gefeiert. Der Tag des deutschen Bieres findet jährlich am 23. April statt, dem Jahrestag des Erlasses.

––––––––––––

Seeleute der britischen Royal Navy hatten Anspruch auf 1 Gallone Bier pro Tag. Das entspricht ca. 4 Litern.

––––––––––––

Zwei Fässer Bier waren die erste Fracht, die in Deutschland mit dem Zug transportiert wurde – im Jahr 1835 auf der Strecke zwischen Nürnberg und Fürth.

––––––––––––

Am 1. März 1844 erhöhte der bayerische König Ludwig I den Bierpreis um 1 Pfennig. In der Münchner Innenstadt brachen Krawalle aus. Ludwig I, der zu diesem Zeitpunkt im Münchner Nationaltheater saß, rief das Militär herbei, um den Aufstand niederzuschlagen. Die Soldaten weigerten sich jedoch und schlugen sich auf die Seite der Aufständischen. Der König musste die Bierpreiserhöhung zurücknehmen – und senkte den Bierpreis später sogar noch, »um dem Militär und der arbeitenden Klasse einen gesunden Trunk zu bieten«.

Auch in Frankfurt am Main gab es einen Aufstand wegen des Bierpreises. Als Anfang April 1873 die Frankfurter Brauereien den Bierpreis um mehr als 10 Prozent anhoben, gab es auf einem Volksfest in der Breiten Gasse einen Aufstand, der Richtung Innenstadt zog und verschiedene Brauereigaststätten verwüstete. Das herbeigerufene preußische Militär traf in der Fahrgasse auf die Aufständischen und schoss. 20 Menschen verloren ihr Leben, 47 wurden zu Zuchthausstrafen verurteilt. Die Frankfurter Brauer nahmen die Preiserhöhung zurück.

Im Jahr 1895 verordnete die zuständige preußische Ordnungsbehörde in Münster eine Sperrstunde ab 23 Uhr. In den folgenden Nächten versammelten sich die Münsteraner Bürger auf dem Prinzipalmarkt, um gemeinsam Bier zu trinken – und ließen sich in die Arrestzelle sperren. Nach sieben Nächten lenkte der Oberbürgermeister ein und die

Sperrfrist wurde nicht mehr durchgesetzt – der sogenannte Münsterische Bierkrieg war zu Ende.

1907 folgte dann der Bamberger Bierkrieg. Die Bamberger Brauereien wollten den Preis für 0,5 Liter Bier, also für ein »Seidla«, zum 1. Oktober um 1 Pfennig erhöhen, von 10 auf 11 Pfennig. Die Bamberger Wirte Georg Weierich und Anton Mohr traten in den Bierstreik: Anstatt das teurere Bamberger Bier zu verkaufen, boten sie nun das billigere Bier aus Forchheim an. Nach einer Woche Streik gaben die Bamberger Brauereien am 7. Oktober nach und zogen die Preiserhöhung zurück. Der halbe Liter kostete nun wieder 10 Pfennig.

Der immer noch relativ verbreitete Nachname Kretschmer (auch Kretzschmer, Kretzschmar usw.) war in Schlesien und in der Lausitz ursprünglich eine Berufsbezeichnung für Wirte mit eigenem Braurecht.

In Baden schwammen bis ca. ins Jahr 1900 Molchlarven in Bierfässern, um trübes Bier klarer zu machen, aber auch um durch die Bewegungen den Gärprozess zu unterstützen. Daher stammt auch der Aberglaube des Biermolchs, der hauptsächlich in Schwaben verbreitet ist.

Die Biersteuer ist die einzige Verbrauchsteuer, die in Deutschland an die Länder fließt – auf Betreiben Bayerns. Die Höhe der Biersteuer bemisst sich nach der Stammwürze. Über den Daumen gepeilt zahlt man pro Liter Pils in Deutschland knapp 10 Cent Biersteuer, in Österreich sind es 24 Cent und in der Schweiz ca. 25 Rappen.

Die erste Bierflasche wurde 1850 verkauft. Davor gingen die Menschen mit Eimern zu Tavernen, um ihren Vorrat aufzufüllen. In einigen alten Bier-Bars gibt es diese Tradition noch heute.

Bier wird in dunklen Flaschen verkauft, weil es einen ausgeprägten sogenannten Lichtgeschmack entwickelt. Der Hopfenbitterstoff Humulon bekommt durch chemische Reaktionen einen als ranzig beschriebenen Fehlgeschmack, wenn er längere Zeit Licht ausgesetzt ist.

Die erste deutsche Spaßpartei war keinesfalls die Partei DIE PARTEI. Es war die DBU, die Deutsche Biertrinker Union, die sich in der noch bestehenden DDR vor der Volkskammerwahl 1990 gründete. Die DBU engagierte sich für die Einhaltung des deutschen Reinheitsgebots, für staatlich subventionierte Bierpreise und für die Aufhebung der Sperrstunde. Nachdem die DBU bei der ersten gesamtdeutschen Bundes-

tagswahl 1990 nicht zugelassen wurde, verlor sie schnell an Bedeutung.

Bierhefe stirbt ab 12 Prozent Alkoholgehalt ab. Bier mit höheren Konzentrationen kann nur durch Verfahrenseingriffe hergestellt werden – etwa nachträgliche Zugabe von Hefe oder Entziehen von Wasser. Daher gibt es mittlerweile auch Bier mit über 60 Prozent Alkoholgehalt.

Meist enthält alkoholfreies Bier noch eine geringe Menge Restalkohol. Der Alkoholgehalt liegt je nach Herstellungsverfahren zwischen 0,02 und 0,5 Prozent. Erst seit 2006 gibt es Biere mit 0,0 Prozent Ethanol.

Die älteste noch existierende Brauerei der Welt befindet sich im bayerischen Weihenstephan – dort wird seit dem Jahr 1040 Bier gebraut.

Die erste Flugzeugentführung in Norwegen konnte mit Bier aufgelöst werden. Auf dem Flug von Trondheim nach Oslo übernahm ein bewaffneter 24-Jähriger die Kontrolle über das Flugzeug. Nachdem das Flugzeug pünktlich in Oslo gelandet war, forderte der Entführer ein

Gespräch mit dem Premier- und dem Justizminister, um sich bei ihnen persönlich über seine Lage beklagen zu können. Während der Verhandlung mit der Polizei forderte er immer wieder Bier. Als Gegenleistung musste er Geiseln freilassen, bis, die Crew ausgenommen, keine mehr an Bord waren und der Geiselnehmer schließlich seine Waffe für eine letzte Ladung Bier tauschte.

Das Unternehmen Carlsberg kennen wir vor allem wegen seinem weltweit vertriebenen Hopfensmoothie Bier. Doch Gründer Jacob Christian Jacobsen gründete nebst der Brauerei (1847) auch die Carlsberg Foundation (1876), die dänische Wissenschaftler unterstützte. In diesem Rahmen erhielt Niels Bohr, Profiteur der Carlsberg Foundation und Nobelpreisträger für Physik, 1932 eine Residenz von Carlsberg in der Nähe der Brauerei geschenkt, die per Pipeline an die Brauerei angeschlossen war. Dies bedeutete, dass Bohr jederzeit einen Hahn in seiner Residenz aufdrehen und gratis frisches Carlsberg-Bier zapfen konnte.

Mehr Guinness als in Irland wird in Nigeria getrunken.

Das meistverkaufte Bier der Welt ist Snow Beer aus China.

Alles, was weniger als 10 Prozent Alkohol enthielt – und damit auch Bier –, galt in Russland noch quasi bis vor Kurzem als Nahrungsmittel. Erst im Juli 2011 unterschrieb Präsident Dmitri Medwedew ein Gesetz, das Bier als alkoholisches Getränk klassifiziert.

Im 18. Jahrhundert fanden Forscher in Experimenten Erstaunliches heraus: Sie machten Ameisen mit Bier betrunken; wenn die alkoholisierten Insekten dann auf andere, nüchterne Ameisen trafen, wurden sie von ihnen zurück in den Bau getragen.

Hopfen ist eng verwandt mit der Marihuanapflanze.

Wenn der Bierschaum bei leichtem Kippen am Glas hängen bleibt, ist das ein Beleg für hohe Braukunst – und saubere Gläser.

Murali K. C. hält den Weltrekord im Bierflaschen-mit-den-Zähnen-Öffnen: In einer Minute schaffte er 68 Kronkorken.

Im Jahr 2007 wurde die wohl längste Bierbong der Welt gebaut: Sie bestand aus einem Trichter und zwei Gartenschläuchen und hatte eine Gesamtlänge von 50 Metern.

Pyramidenbauer im alten Ägypten tranken pro Tag rund 4 Liter Bier, denn es war gesünder als das verdreckte Nil-Wasser.

Das Pilgerschiff *Mayflower* hätte ursprünglich bis nach Virginia fahren sollen; jedoch stoppte es schon in Plymouth, weil den Pilgern das Bier ausgegangen war.

Die ersten professionellen Brauer waren Frauen. Männern war es im alten Ägypten sogar verboten, Bier zu brauen oder zu verkaufen.

Im Jahr 1814 wurde London mit Bier geflutet: Ein Gärbottich brach und 1,5 Millionen Liter strömten auf die Straßen. Bei dem Unfall starben acht Menschen.

Im 19. Jahrhundert tranken Mütter im Münchener Raum bis zu sieben Gläser Bier täglich, um so die Milchproduktion anzuregen.

Man schätzt, dass allein in Großbritannien jährlich 93 000 Liter Bier in Bärten hängen bleiben.

»Gebt meinen Leuten reichlich Bier, gutes Bier und billiges Bier, und es wird unter ihnen keine Revolution geben«, sagte Königin Victoria und behielt Recht.

In Deutschland gibt es zurzeit über 1 400 Brauereien. In Österreich sind es 278 und in der Schweiz ganze 1 132 – die meisten davon aber Kleinbrauereien, die weniger als 20 Hektoliter pro Jahr produzieren.

Steven Petrosino aus den USA trank 1977 1 Liter Bier in 1,3 Sekunden. Weltrekord.

In Tschechien oder auch in Polen können Ärzte Bier verschreiben. Da Bier beim Wasserlassen hilft, kann es bei urologischen Problemen wahre Wunder bewirken. Bier spült die Nieren und schwemmt Giftstoffe aus dem Körper. Wissenschaftler haben sogar nachgewiesen, dass Biertrinker seltener an Nierenleiden erkranken als Weintrinker.

Eine dänische Brauerei belohnte 1972 20 000 Kinder, die an einem Malwettbewerb teilgenommen hatten, mit einem Bier-Gutschein. Die Sache hatte nur einen kleinen Haken: Die Coupons durften erst 25 Jahre später eingelöst werden. Die Überraschung war groß, als 1997 mehr als 10 000 Gutscheine tatsächlich gegen jeweils 30 Flaschen Bier getauscht wurden.

Der höchste Turm, der jemals aus Bierdeckeln gebaut wurde, bestand aus 10 500 Bierdeckeln und war mehr als 3 Meter hoch.

Barack Obama ist Bierliebhaber und ließ deshalb in der Küche im Weißen Haus Bier brauen. Durch eine Onlinepetition wurde erreicht, dass die Zutaten des Bieres öffentlich gemacht wurden. Ein Rezept steht auf der Website des Weißen Hauses. Die Biere heißen übrigens »White House Honey Ale« und »White House Honey Porter«. Im Weißen

Haus wird besonderer Honig benutzt, um dem Bier ein reiches Aroma zu geben und es nicht zu sehr zu süßen. Nachbrauen können Bierfans das Getränk trotzdem nicht, denn der besondere Honig stammt von Bienen, die auf dem Rasen des Weißen Hauses untergebracht sind.

Alkoholfreies Bier ist isotonisch. Ein isotonisches Getränk ist ein Getränk, bei dem das Verhältnis von Nährstoffen zu Flüssigkeit dem des menschlichen Blutes entspricht. Dies bedeutet, dass der osmotische Wert die gleiche Tonizität wie das menschliche Blut aufweist und dadurch besonders schnell verdaut werden kann. Normales Bier ist dagegen wegen des zusätzlichen Alkohols hypertonisch, hat also einen höheren Nährstoffgehalt als das Blut.

Wissenschaftler des Danish Evaluation Institute (EVA) in Kopenhagen haben herausgefunden, dass Studierende, die häufiger auf Partys gehen und Alkohol trinken, ihr Studium seltener abbrechen.

Noch vor dem Ersten Weltkrieg wurden in Deutschland Biermischgetränke populär, mit regionalen Bezeichnungen: »Alsterwasser« in und um Hamburg, »Potsdamer« im Raum Berlin und »Radler« in München.

Bei einem Potsdamer handelte es sich um eine Mischung aus Bier und Himbeerlimonade.

Während sich bei Wein eher Mischungen mit Wasser durchgesetzt haben, sind es bei Bier eher fruchtige und süße Mischungen. Die »saure« Schorle, also mit Mineralwasser ist beim Wein die Regel, beim Bier aber die Ausnahme.

Irish Car Bomb ist ein Biermischgetränk, das aus Stout-Bier, Irish Cream und Whisky hergestellt wird. Whisky und Irish Cream werden hierbei als Double Shot (4 Zentiliter) in einem Schnapsglas gemischt, wobei der Whiskey durch Eingießen über einen umgedrehten Löffel als Schicht auf der Cream platziert werden soll. Das Schnapsglas wird dann in einem halbgefüllten Pint Stout versenkt. Angeblich wurde das Getränk am St. Patrick's Day 1979 in *Wilson's Saloon* in Norwich (Connecticut) erfunden, als der Barbesitzer ein traditionelles Rezept seines irischen Großvaters abwandelte. Der Name bezieht sich auf die typisch irischen Getränke, aus denen es gemischt wird, und den Nordirlandkonflikt. Aufgrund der Assoziation mit politischen IRA-Terroranschlägen wurde der Name des Getränks kritisiert und teilweise aus der Getränkeliste genommen.

Als »Quatschbier« wurde in Preußen bis ins 17. Jahrhundert eine Zubereitungsform der Biersuppe bezeichnet. Warme Biersuppe war im deutschen Sprachraum vor allem auf dem Lande bis weit in das 19. Jahrhundert hinein ein häufiges Frühstück für Erwachsene wie für Kinder, wobei Dünnbier verwendet wurde. Die Biersuppe wurde erst dann allmählich durch die neue Mode verdrängt, morgens Kaffee zu trinken und dazu Brot zu essen. Vor der Einführung des Kaffees, aber auch noch danach, wurde die Biersuppe von allen sozialen Schichten gegessen, auch vom Adel. Bier galt als nahrhaftes und stärkendes Lebensmittel. Die Bezeichnung »Quatschbier« bezieht sich dabei auf Quatsch als breiartige Masse und auf das Geräusch beim Zerquetschen der Äpfel.

―――――――――――

Beliebte Biermischgetränke in Bayern bei Jugendlichen sind Schneemass, Goaßnmass und Laterndlmass.

―――――――――――

Bitter, Kräuterlikör, Kräuterbitter

Magenbitter, Bitter oder Kräuterbitter sind Spirituosen, deren Kräuterkombination eine positive Wirkung auf die Verdauung haben sollen. Sie sind aber auch beliebte Bestandteile von Longdrinks.

Die Bitterstoffe, die von den hauptsächlichen Kräuterbestandteilen abhängen, sollen insbesondere die Magen- und Gallensekretion anregen. Der Alkoholanteil wiederum – und bei Likören auch der höhere Zuckeranteil – ist allerdings bei der verdauungsfördernden Wirkung eher hinderlich.

Bitter müssen einen Alkoholgehalt von mindestens 15 Prozent aufweisen.

Die Grenze zu den Likören ist fließend, da viele Bitter viel Zucker enthalten.

In Luxemburg als Verdauungsschnaps beliebt ist Buff, der kaum Zucker oder Süßungsmittel enthält, also den Namen Bitter vollkommen zu Recht trägt.

Campari ist bekannt für seine auffallend rote Farbe. Das Rezept wird streng geheim gehalten, soll aber über 80 Zutaten haben. Für die Farbe wurde lange der Farbstoff Karmin aus Cochenilleschildläusen gewonnen. Seit 2006 sind aber keine tierischen Bestandteile mehr enthalten.

Campari war 1974 der erste Trikotwerbepartner des Hamburger SV.

Angosturabitter enthält über 44 Prozent Volumenalkohol. Trotzdem war er während der Prohibition nicht verboten, da er so bitter ist, dass er nicht pur getrunken werden kann.

Auf jeder Flasche Angosturabitter ist eine Medaille zu sehen, die Kaiser Franz Joseph I von Österreich zeigt. Angostura gewann nämlich auf der Weltausstellung 1873 einen Preis: eine Medaille mit ebendiesem Antlitz.

Einer der Bestandteile von Aperol ist Rhabarber. Die Rezeptur ist seit Anfang des 20. Jahrhunderts unverändert.

In Italien liegt der Alkoholgehalt von Aperol bei 11 Prozent. In Deutschland wurde er Anfang 2006 auf 15 Prozent erhöht, um pfandfrei zu bleiben. Mittlerweile gibt es Aperol hier mit 11 Prozent und mit 15 Prozent.

Averna wurde angeblich Anfang des 19. Jahrhunderts von Mönchen des Benediktinerklosters Santo Spirito auf Sizilien entwickelt. Frà Girolamo, ein Mönch aus Santo Spirito, schenkte das Rezept dem Textilhändler Salvatore Averna als Dank für dessen Mithilfe. Dessen Sohn schließlich gründete das Unternehmen.

Das Rezept für Averna ist gemäß Herstellerangaben seit 1868 unverändert.

Becherovka wird ausschließlich im tschechischen Karlsbad vom Unternehmen Jan Becher hergestellt. Den ersten Becherovka stellte der Apotheker Josef Vitus Becher Mitte des 19. Jahrhunderts her.

Für die Herstellung von Becherovka wird eine Kräutermischung in Stoffsäcke gepackt und eine Woche lang in Alkohol getaucht.

Becherovka hieß ursprünglich Becherbitter. Seit der Gründung der Tschechoslowakei nach dem Ende des Ersten Weltkriegs wurde auch der Name Becherovka verwendet, der nunmehr ausschließlicher Name ist.

Eine beliebte Mischung mit Becherovka ist »Beton«: Becherovka mit Tonic Water.

Wermut ist Wein, der mit Gewürzen und Kräutern versetzt ist.

Wermut ist schon seit der Antike bekannt, nicht nur im Alten Rom, sondern auch in China und Mesopotamien.

Italienischer Wermut wird heute meist lieblich angeboten, französischer Wermut eher trocken.

Als Erfinder des Wermuts im heutigen Sinn gilt Antonio Benedetto Carpano, der ihn 1786 in Turin zubereitete.

Amaro bezeichnet italienische Halbbitterliköre (das heißt, denen Zucker zugegeben wurde), etwa bei Averna und auch Ramazzotti.

Ramazzotti wurde 1815 vom Mailänder Apotheker Ausano Ramazzotti entwickelt. Ungefähr zeitgleich eröffneten in Mailand auch die ersten Kaffeehäuser, in denen Ramazzotti ausgeschenkt wurde. Getrunken wird Ramazzotti pur, auf Eis oder mit Zitrone.

Das »Wissen um die Standorte, das Ernten und das Verarbeiten« von Enzianwurzeln zu Enzianschnaps im österreichischen Paznaun wurde 2013 von der UNESCO als immaterielles Kulturerbe anerkannt.

———————————

Die älteste Enzianbrennerei in Deutschland ist die Enzianbrennerei Grassl in Berchtesgaden. Sie existiert bereits seit 1602.

———————————

Um 1 Liter Enzianschnaps zu erzeugen, benötigt man über 60 Wurzel-stöcke.

———————————

Auch in Frankreich und der französischsprachigen Schweiz sind Enzian-schnäpse bekannt. Ein bekanntes Produkt ist Suze.

———————————

Fernet-Branca bekam seinen Namen von Maria Branca und den Brü-dern Fernet – Maria stellte ihn erstmals her, nachdem die Brüder Fernet das Rezept einem Venezianer abgekauft und abgewandelt hatten.

———————————

Gammel Dansk ist ein dänischer Magenbitter, übersetzt bedeutet er »alter Dänischer«.

Gammel Dansk besteht aus 29 Gewürzen, darunter Muskatnuss und Vogelbeere.

Gammel Dansk wird mittlerweile jedoch vollständig in Norwegen hergestellt. Meyer's Bitter kommt aus Stadthagen und wird dort seit 1853 gebrannt.

Underberg wurde am 8. Juli 1896 in das deutsche Markenregister eingetragen.

Seit 1912 war Underberg in Österreich-Ungarn k. u. k. Hoflieferant.

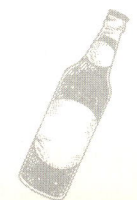

1840 gründete die Familie Zwack in Pest (heute Budapest) die Brennerei Zwack. Dort wird seitdem aus über 40 Kräutern und Wurzeln ein Magenbitter hergestellt. Der Name: Unicum.

———————

Hergestellt wurde Unicum aber schon vorher, nämlich vom Leibarzt des Kaisers Joseph II. Als der im Jahr 1790 erstmals den Likör bekam, rief er angeblich aus: »Das ist ein Unicum!«

———————

Mit der kommunistischen Machtübernahme nach dem Zweiten Weltkrieg wurde die Familie Zwack gezwungen, das Rezept zu verraten, denn die Brennerei sollte verstaatlicht werden. Die Familie hielt jedoch ihr Rezept geheim und gab eine falsche, abgeänderte Version weiter. Die Zwacks konnten nach Italien flüchten, wo sie Unicum nach ihrem originalen Rezept herstellten. Nach dem Fall des Eisernen Vorhangs kauften sie den Betrieb in der alten Heimat wieder zurück.

———————

»Grubenfeuer« wird ein sächsischer Kräuterschnaps mit 60 Prozent Volumenalkohol genannt. Der hohe Zuckergehalt überdeckt den hohen Alkoholgehalt – außerdem wird Grubenfeuer brennend serviert, sodass vor dem Verzehr auch noch Alkohol verfliegt.

———————

In der Ratsapotheke im niedersächsischen Celle wurde Anfang des 20. Jahrhunderts ein Kräuterlikör hergestellt. Aber erst 1980 nannte ihn der Apotheker »Alter Provisor«. Heute hat in der Celler Innenstadt ein Fachgeschäft mit dem Namen »Alter Provisor« die Ratsapotheke ersetzt.

Das Rezept für Jägermeister gibt es seit 1934. Ein Jahr später wurde Jägermeister auf dem deutschen Markt eingeführt.

Seit den 1970er-Jahren wird Jägermeister exportiert, mittlerweile in über 100 Länder der Welt.

Das Jägermeister-Logo, der Hirschkopf vor grünem Hintergrund mit Kreuz, bezieht sich auf den heiligen Hubertus von Lüttich, den Schutzpatron der Jagd.

Dem Jägermeister-Gründer Curt Mast wurde eine Nähe zur Nazi-Führung nachgesagt. Auch der Begriff Jägermeister selbst wurde durch das Reichsjagdgesetz von 1934 neu eingeführt.

Jägermeister steht sicher für einen der erfolgreichsten Imagewechsel der Wirtschaftsgeschichte. Nachdem der Absatz in den 1990er-Jahren rückläufig war, wurde eine große Imagekampagne gestartet: mit sprechenden Hirschen in der TV-Werbung und Jägerettes – jungen, in Orange leicht bekleideten Frauen, die in den Partyzonen Shots verteilten. Die Kampagne war sehr erfolgreich.

––––––––––

Jägermeister war der erste Fußball-Sponsor: 1973 sponserte Jägermeister Eintracht Braunschweig. Das war nur unter Umgehung der DFB-Regeln möglich: Eintracht Braunschweig übernahm das Jägermeister-Logo als Vereinswappen und konnte so legal werben.

––––––––––

Stichpimpulibockforcelorum ist ein seit 1893 hergestellter Kräuterlikör, der in den 1940er- bis 1950er-Jahren in der Likörfabrik Nicolai Lassoff (Königslutter am Elm) hergestellt wurde. Diese ging später in der Brennerei des Klosters Walkenried auf. Der Name ergibt sich aus den Anfangssilben der verwendeten Zutaten:

- **Stich**os (Kräuterextrakt)
- **Pimp**ernuss
- **Pul**que
- **Lie**bstöckel und **Ligus**terstrauch
- **Bock**sdorn und Bockshornklee

- Forle (Saft junger Kiefern)
- Cerealien
- Lotus und
- Rum

Heidegeist ist ein Kräuterschnaps, der insbesondere in der Lüneburger Heide verbreitet ist. Heidegeist enthält insgesamt 31 Heidekräuter und hat einen Alkoholgehalt von 50 Prozent.

Killepitsch ist ein Kräuterlikör mit 42 Prozent Alkoholgehalt. Der Name entstand im Zweiten Weltkrieg in einem Luftschutzbunker im Gespräch zwischen Hans Müller-Schlösser, dem Schöpfer von »Schneider Wibbel«, und Willi Busch, dem Altmeister des heimatlichen Brauchtums. Busch hat angeblich gesagt: »Ech sach dech bloß ens Hans, koome meer he heil erus, dat se ons nit kille, dann brau ech dech ö Schabäuke, do kannste de Zong noh lecke, dann dommer eene pitsche on dä kannste dann von mech us Killepitsch nennel« Dieser Name wurde 1955 bei der Eröffnung der Kneipe »Et Kabüffke« genutzt und wird dort aus einem kleinen Fenster heraus auch Passanten ausgeschenkt.

Im Jahr 1921 begann Hugo Kuemmerling in Deesbach in Thüringen mit der Entwicklung eines Kräuterlikörs. Die endgültige Rezeptur des Getränks entwickelte er 1938. Die Firmengründung erfolgte 1945 im heutigen Überflutungsgebiet der Talsperre Leibis-Lichte; 1949 zog die Familie nach Coburg in Bayern. Allerdings schuf erst Hugos Schwiegersohn Johannes Persch Mitte der 1950er-Jahre die erfolgreiche industrielle Herstellung und Vermarktung des heute weltweit vertriebenen Kräuterlikörs.

Schwedenbitter geht auf die schwedischen Ärzte und Chemiker Urban Hjärne und Klaus Samst zurück. Urban Hjärne hatte ein Labor auf Kungsholmen, in dem er eigene Medikamente aus »geheimen« Zutaten bereitete. Im Jahr 1692 erhielt er die Erlaubnis zum Verkauf von Elexir amarum durch Apotheken. Der Arzt Klaus Samst soll die Rezeptur im 18. Jahrhundert wiederentdeckt haben. Die österreichische Kräuterkundige Maria Treben verhalf dem Schwedenbitter mit ihrem 1980 veröffentlichten Bestseller *Gesundheit aus der Apotheke Gottes* schließlich zu größerer Bekanntheit.

WurzelPeter ist ein Kräuterlikör, der vom Berliner Kaufmann Paul Pöschke 1935 entwickelt wurde. Die Spirituose enthält unter anderem Wurzeln, Rinde, Kräuter und Gewürze.

Champagner

Das Öffnen von Champagnerflaschen mit dem Säbel nennt man Sabrieren.

Für Champagner werden nahezu ausschließlich drei Rebsorten verwendet: Die roten Rebsorten Pinot Noir (Spätburgunder) und Pinot Meunier (Schwarzriesling) sowie die weiße Rebsorte Chardonnay.

Champagner muss tatsächlich aus der französischen Region Champagne kommen.

Die großen Champagnerhäuser besitzen nur etwa 10 Prozent der Anbaufläche des Champagners, stellen aber zwei Drittel der Absatzmenge. Den größten Teil ihrer Trauben müssen sie daher zukaufen. Diese kommen von den über 14 000 Winzern der Champagne, die teilweise weniger als 1 Hektar Rebfläche besitzen und die Traubenerzeugung teilweise nur im Nebenberuf ausüben.

Champagnerkorken sind zweigeteilt. Der obere Teil ist aus Presskorken, der untere Teil aus Naturkorken.

Der Metallbügel, der den Korken und den Champagnerdeckel auf der Flasche hält, heißt Agraffe.

Die Römer bauten als erste Weinreben in der Champagne an. Der Wein, den sie daraus herstellten, war still. Aufgrund seiner Nähe zu Paris und der Aktivitäten der Klöster in Reims und Châlons-en-Champagne blieb der Weinbau erhalten, ohne wirklich große Popularität zu erreichen.

Der Cellerar des Benediktinerklosters Hautvillers machte sich im 17. Jahrhundert um die Entwicklung von Champagner verdient – sein Name: Dom Pérignon. Auf ihn geht die Kunst des Verschnitts und des Weißkelterns roter Traubensorten zurück. Er verschloss seine Flaschen mit einem Korken, der mit Kordeln am Flaschenhals gesichert wurde, und entwickelte so die erste Agraffe.

Erst 1670 wurde aus dem ursprünglich stillen Weißwein ein Schaumwein. Im 17. Jahrhundert hatte man begonnen, den Wein schon im Anbaugebiet in Flaschen zu füllen, um seine Frische zu erhalten, da der Wein den Transport im Fass nicht gut überstand. Aufgrund des frühen Abfüllens gärte der Wein unbeabsichtigt in den Flaschen weiter. Die Engländer, wohin der Wein exportiert wurde, schätzten diesen sprudelnden frischen Wein sehr. Die Winzer jedoch waren von den herausspringenden Korken nicht begeistert, weil dies beträchtliche Verluste verursachte. Bis weit ins 19. Jahrhundert hinein waren Einkellerung und Vertrieb von Champagner gefahr- und verlustträchtig.

Um sich vor herausfliegenden Korken zu schützen, trugen die Kellermeister zur Arbeitssicherheit Eisenmasken, die sie wie mittelalterliche Folterschergen aussehen ließen.

1729 wurde das älteste heute noch bestehende Champagnerhaus gegründet: Ruinart.

Bis ins 19. Jahrhundert war Champagner trübe, weil die Hefe in der Flasche verblieb. Dann erfand 1806 Madame Clicquot (»Veuve Clic-

quot«) zusammen mit ihrem deutschstämmigen Kellermeister Antoine Müller das Rütteln und Degorgieren. Seitdem ist Champagner klar.

Im Jahr 1902 brach der sogenannte Champagnerkrieg aus. Eine ursprünglich für eine Schiffstaufe vorgesehene Flasche mit deutschem Rheingold-Sekt von Söhnlein war heimlich durch eine mit französischem Moët-&-Chandon-Champagner ersetzt worden. Das führte zu ernsthaften Spannungen zwischen Frankreich und dem Deutschen Reich.

Pro Jahr werden etwa 385 Millionen Flaschen Champagner hergestellt. Aufgrund der langen Gärzeit in der Flasche lagern Schätzungen zufolge ca. 1,5 Milliarden Flaschen in den Kellern der Hersteller und Handelshäuser.

Eine Champagnerflasche muss besondere Bedingungen erfüllen, da sie dem bei der zweiten Gärung entstehenden Druck standhalten muss. Praktisch alle Champagnerflaschen haben daher im Boden eine konische Vertiefung, die die Druckbeständigkeit der Flasche verbessert.

Artikel 274 und 275 des Versailler Vertrags von 1919 verbot, Sekt aus deutscher Herstellung als Champagner zu bezeichnen.

Champagner wird in verschiedenen Flaschengrößen angeboten. Die Standardgröße ist 0,75 Liter. Für die anderen Flaschengrößen haben sich eigene Bezeichnungen etabliert, zumeist biblische Namen:

- 0,75 Liter Bouteille
- 1,5 Liter Magnum (lateinisch für »das Große«)
- 3 Liter Jeroboam (nach dem ersten König des Nordreichs Israel); auch Doppelmagnum genannt
- 4,5 Liter Rehoboam (nach dem ersten König des Reiches Juda)
- 6 Liter Methusalem (nach ältestem Menschen in der Bibel); auch Impériale genannt
- 9 Liter Salmanazar (nach einem biblischen König des Assyrerreiches)
- 12 Liter Balthazar (nach einem der Heiligen Drei Könige)
- 15 Liter Nebukadnezar (nach einem biblischen König des Babylonischen Reiches)
- 18 Liter Melchior (nach einem der Heiligen Drei Könige) bzw. Goliath (nach dem biblischen Krieger)
- 27 Liter Primat
- 30 Liter Melchisedech (hebräisch für »König der Gerechtigkeit«); auch Midas genannt

---

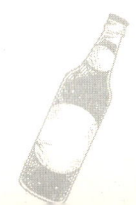

Eine offene Champagnerflasche sollte so bald wie möglich getrunken werden. Mit einem speziellen Druckverschluss ist eine halbvolle Flasche gekühlt ca. 24 Stunden ohne große Qualitätseinbußen haltbar.

Im Juli 2010 wurde von schwedischen Tauchern in der Ostsee ein Schiffswrack gefunden, das ungefähr 30 Flaschen Champagner an Bord hatte. Untersuchungen führten in das erste Drittel des 19. Jahrhunderts und zum nicht mehr existierenden Haus Juglar.

Im Jahr 2018 wurden nach Angaben des Deutschen Weininstituts 9,2 Millionen Liter Champagner aus Frankreich eingeführt. Dies ist ein Rückgang um 4,1 Prozent gegenüber dem Vorjahr. Die Nachfrage nach Champagner ist heute deutlich geringer als noch in den 1990er-Jahren. Die Einfuhren von Champagner erreichten im Jahr 1997 mit 13,6 Millionen Litern ihren Höchststand.

Placomusophilie bezeichnet das leidenschaftliche Sammeln von Champagnerdeckeln, den kleinen Metalldeckelchen zwischen Agraffe und Korken.

☞ Cocktails ☜

Alkoholische Mixgetränke, die man heute als »Cocktails« bezeichnen würde, gab es schon lange bevor sich das Wort um 1800 etablierte. Im Grunde ist die Geschichte der Mixgetränke so alt wie die Geschichte des Alkohols. Früheste Funde sind der Jungsteinzeit zuzuordnen. In Jiaju (China), einer der ältesten Grabungsstätten, die mit der Peiligang-Kultur assoziiert wird, wurden Gefäße gefunden, die Rückstände von vergorenem Reis, Honig und Früchten aufwiesen und auf etwa 7000 v. Chr. datiert werden konnten. Ungefähr zur selben Zeit begannen auch Kulturen im Nahen Osten, Bier aus Gerste zu brauen und aus wilden Trauben Wein herzustellen.

Im chinesischen Anyang fand man verschließbare Bronzegefäße aus der Zeit der Shang- und der Westlichen Zhou-Dynastie (etwa 1250–1000 v. Chr.), die Reis- und Hirsewein enthielten, welcher mit Wermutkraut, Chrysanthemen, Spießtanne, Elemi und weiteren Pflanzen und Kräutern aromatisiert wurde. Noch heute werden ähnliche aromatisierte Weine in Vietnam (»Ruou«), China (»Zieu« oder »Chiew«), Korea und Japan (»Shōchū«) hergestellt. Auch die alten Griechen stellten bereits aromatisierte Weine (»vinum hippocraticum«) her, aus denen sich im 18. Jahrhundert in Italien der Wermut (Vermouth) entwickelte – heute eine der wichtigsten Cocktailzutaten.

Der schwedische Kleriker Israel Acrelius, der zwischen 1749 und 1756 die britischen Kolonien in Nordamerika bereist hatte, berichtete von 45 verschiedenen »Mixed Drinks«, darunter Kombinationen mit Zitronensaft, Milch und gesüßtem Essig.

Cocktails werden in verschiedene Gruppen eingeteilt, die aber alle nicht trennscharf definiert sind. Man kann Cocktails nach Volumen einteilen (Longdrinks vs. Shortdrinks) oder nach Alkoholgehalt, nach Trinkanlass (Aperitif vs. Digestif), nach vorherrschendem Geschmack (fruchtig, herb, süß, sahnig usw.), nach Zutaten, Zubereitung (geschüttelt vs. gerührt), nach ihrer Grundstruktur (Sour vs. Batida) – oder ganz anders.

Der allererste Drink, der in James Bond getrunken wird, ist kein Martini, sondern ein Americano – allerdings im Roman *Casino Royale*, dem ersten Band der Romanserie.

Der Americano hieß ursprünglich Milano-Turino, was auf die Herkunftsorte der beiden Zutaten, Campari aus Mailand und Cinzano aus Turin, hinweist.

Der B52 ist nach dem Langstreckenbomber Boeing B-52 benannt. Im Vietnamkrieg diente der zum Abwurf von Brandbomben. Und weil ein B52 angezündet wird, wurde der Drink danach benannt.

Der B52 hat mittlerweile zahlreiche Ableitungen erfahren. Es gibt den B53, den B54, den B55 und den B61 – es werden dann jeweils einzelne Zutaten geändert.

Der Bellini wurde nach den Brüdern Giovanni Bellini und Gentile Bellini benannt, die um 1500 die venezianische Malschule gegründet hatten.

An einem Morgen im Jahr 1927 mixte der Schauspieler George Jessel aus Partyresten einen Drink, um den Kater zu vertreiben. Er fand Wodka, Tomatensaft, Worcestershiresauce und Zitronensaft und mischte alles – die Bloody Mary war erfunden.

Der Ursprung des Namens Bloody Mary ist umstritten. Bloody Mary war der Spitzname der englischen Königin Maria I aus dem Hause Tudor,

die die Protestanten blutig verfolgte und England zum Katholizismus wiederbekehren wollte. Möglich ist auch, dass das Getränk einfach nach George Jessels Freundin Mary benannt war, die ihr weißes Kleid mit dem Katerdrink vollspritzte.

Caipirinha bezeichnet eigentlich ein junges Mädchen vom Land und ist eine Verkleinerungsform von Caipira.

Den Cosmopolitan gibt es bereits seit den 1930er-Jahren. Einen regelrechten Boom erlebte er aber durch die Serie *Sex and the City* Ende der 1990er-Jahre.

Der Cuba Libre erhielt seinen Namen um 1900, als Kuba aus der spanischen Kolonialherrschaft befreit wurde. Exilkubaner nennen den Cuba Libre auch »Mentirita« (spanisch für »kleine Lüge«), in Anspielung auf das Regierungssystem unter Fidel und Raul Castro.

Der Daiquiri ist nach einem kleinen kubanischen Dorf benannt. In Daiquiri fand eine der wichtigsten Schlachten des Spanisch-Amerikani-

schen Kriegs statt und ist daher ein wichtiger Ort in der Befreiung Kubas von der spanischen Fremdherrschaft.

Queen Mum (1900–2002) erklärte ihr hohes Alter mit dem regelmäßigen Konsum von Gin Tonic.

Der Gin wurde in das Tonic Water gemischt, um das Tonic Water geschmacklich zu verbessern – nicht andersherum.

Ein kalifornischer Surfer namens Harvey soll in den frühen 1970er-Jahren, nachdem er von einem Wettbewerb ausgeschlossen worden war, in *Pancho's Bar* am Manhattan Beach nach dem Genuss mehrerer Drinks aus Frust seinen Kopf wieder und wieder gegen die Wand geschlagen haben – der Harvey Wallbanger war geboren.

Der Kir, eine Mischung aus Weißwein und Crème de Cassis, ist nach Felix Kir benannt, Bürgermeister von Dijon und einer der Mitbegründer der deutsch-französischen Freundschaft nach dem Zweiten Weltkrieg.

Er machte es zum offiziellen Getränk bei Empfängen im Rathaus, um die örtlichen Johannisbeerbauern zu unterstützen.

———————————

Inzwischen gibt es eine ganze Gruppe von Kir-Getränken, die aus Wein oder weinähnlichen Getränken mit Fruchtlikör hergestellt werden. Kir Royal, eine Mischung aus Champagner und Crème de Cassis, wurde in den 1980er-Jahren zum Inbegriff der Münchner Schickeria. Helmut Dietl benannte seine gleichnamige Serie danach.

———————————

Long Island Iced Tea heißt nicht Long Island Ice Tea.

———————————

Der Ursprung von Long Island Iced Tea liegt im Dunklen. Es kann sein, dass der Cocktail in der Zeit der Prohibition entstand, da durch Geruch, Geschmack und Farbe der Cola die Spirituosen nicht so auffielen. Auch wird von einer gelangweilten Hausfrau auf Long Island erzählt, die jeweils kleine Mengen der Spirituosen zusammenmischte, damit deren Fehlen nicht auffiel.

———————————

Der Mai Tai wurde 1944 durch Victor Bergeron alias Trader Vic erfunden, und zwar in San Francisco, nicht irgendwo in der Südsee.

Der Manhattan gilt auf der Insel Föhr als Nationalgetränk.

Die Margarita wurde nicht nach einer Frau benannt, sondern bedeutet Gänseblümchen, auf Englisch »Daisy« – und Daisy ist in der englischen Barsprache die Bezeichnung für Cocktails auf Sour-Basis.

Der Mint Julep war schon im 18. Jahrhundert ein klassisches Morgengetränk aus den amerikanischen Südstaaten. Er wurde bereits gemixt, bevor die Bezeichnung »Cocktail« überhaupt aufkam.

Der Mojito ist der am häufigsten bestellte Drink in Hotelbars.

Der Name Mojito kommt wohl von den aus Westafrika nach Kuba verschleppten Sklaven und bedeutet »kleiner Zauber«.

Schon der englische Freibeuter Francis Drake soll im 16. Jahrhundert Mojito getrunken haben, um seine Magenbeschwerden zu lindern.

Der Moscow Mule führte dazu, Wodka überhaupt erst in den USA als Spirituose zu etablieren.

Der Negroni ist nach dem Grafen Camillo Negroni benannt, der im Florentiner »Caffè Casoni« einen Americano bestellte, den der Barkeeper mit Gin verlängern sollte.

Ein Old Fashioned ist einer der wichtigsten klassischen Cocktails. Im 19. Jahrhundert zunächst als Whiskey Cocktail, später Old Fashioned Whiskey Cocktail bezeichnet, entspricht der Shortdrink noch heute weitgehend der Urform eines »Cocktails«, besteht also aus einer Spirituose, Zucker, Wasser bzw. Eis sowie Cocktailbitter.

Im 20. Jahrhundert wurde der Old Fashioned zum Bar-Klassiker. Manchmal wurde er serviert, indem der Barkeeper lediglich die Bitters-Zucker-Mischung herstellte und zusammen mit einer Flasche Bourbon Whiskey reichte. Besonders in der Zeit der Prohibition war der Cocktail populär, da viele der schwarz gebrannten Whiskeys ohne Zugabe von Zucker und anderen Zutaten kaum genießbar waren. Die hochprozentigen Bitters waren in dieser Zeit sogar legal erhältlich, da sie sich aufgrund ihrer starken Würzkraft nicht für den Pur-Verzehr eigneten.

Als im Jahr 1945 Harry S. Truman als 33. Präsident der Vereinigten Staaten ins Weiße Haus einzog, soll seine Ehefrau Bess am ersten Abend einen Old Fashioned bestellt, jedoch für zu süß befunden haben. Am nächsten Abend habe der Butler Alonzo Fields mit verletztem Stolz einfach einen doppelten Bourbon auf Eis serviert. Die First Lady probierte und rief: »Now, that's the way we like our Old Fashioneds!«

In dem 1960 erschienenen Roman *Hasenherz* (Originaltitel: *Rabbit, Run*) von John Updike spielen Old Fashioneds eine unrühmliche Rolle: Sie sind der Lieblingsdrink der Alkoholikerin Janice, der Frau des Protagonisten Harry »Rabbit« Angstrom, die später im Rausch ihr eigenes Baby ertränkt. Als sie dem Leser vorgestellt wird, hält sie einen Old Fashioned in der Hand.

Zur Popularität des Cocktails in jüngster Zeit trug die seit 2007 ausgestrahlte Fernsehserie *Mad Men* bei, die im New York der 1960er-Jahre spielt und deren Hauptdarsteller Donald »Don« Draper ständig mit einem Glas Old Fashioned zu sehen ist.

Unter vielen Barkeepern gilt die Piña Colada als Musterbeispiel schlechten Geschmacks. Ananas und Kokos überlagern jeden Rumgeschmack, weswegen häufig auch minderwertiger Rum benutzt wird.

Die Piña Colada ist seit 1978 das offizielle Nationalgetränk von Puerto Rico, wo dieser Cocktail auch erfunden wurde.

Chile und Peru streiten sich, wo der Pisco Sour erfunden wurde.

Der Planter's Punch ist einer der ältesten Cocktails und wird seit dem 17. Jahrhundert getrunken. Ursprünglich wurde er in einer großen Schüssel für mehrere Gäste serviert, ähnlich einer Bowle.

Die Bezeichnung Planter's Punch ist allerdings erst seit der zweiten Hälfte des 19. Jahrhunderts überliefert, die älteste schriftliche Quelle für einen Planter's Punch ist die Londoner Wochenzeitschrift *Fun* vom 4. September 1878.

————————

Der Prince of Wales wurde nach dem englischen König Edward VII. benannt – der jedoch vor seiner Thronbesteigung im Jahr 1901 59 Jahre lang nur Thronfolger war und damit der ewige Prince of Wales.

————————

Ein Screwdriver ist einfach nur Wodka Orange. Ein Virgin Screwdriver ist purer Orangensaft. Orangensaft war früher hauptsächlich in Dosen abgefüllt, die man mit dem Schraubenzieher öffnen konnte, was dem Screwdriver seinen Namen gab.

————————

Der Swimming Pool entstand 1979 in der Münchner »Schumann's Bar« als Abwandlung der Piña Colada.

Das Lieblingsgetränk von Jeffrey Lebowsky alias The Dude im Film *The Big Lebowski* ist ein White Russian.

Eine Abwandlung des White Russian ist der Black Russian, der ohne Sahne auskommt – also nur aus Wodka und Kaffeelikör besteht.

Der Zombie ist ein sehr starker Cocktail, der nach seiner Wirkung benannt wurde.

Batida de Coco ist portugiesisch und bedeutet »Mixgetränk aus Kokosnuss«. Darunter wird ein Cocktail aus Kokosmilch, Zucker und Cachaça (Zuckerrohrschnaps) verstanden.

In den Dry Martini kommt nur ein Hauch Wermut, der Rest ist Gin. Das Mischungsverhältnis pendelt sich mittlerweile bei ca. 6:1 ein. Manche Barkeeper benetzen das Glas oder sogar nur die Eiswürfel vorher kurz mit Wermut und füllen dann mit Gin auf.

»I like to have a martini, two at the very most. After three I'm under the table, after four I'm under my host!«, sagte die Schriftstellerin Dorothy Parker, gefragt nach der richtigen Menge Martini.

☞ Cognac ☜

In der georgischen Hauptstadt Tiflis steht seit 1995 ein Denkmal für den Cognac-Fabrikanten Dawit Saradschischwili, was zu heftigen Protesten der georgisch-orthodoxen Kirche führte – unweit steht mit der Metechi-Kirche eines der wichtigsten georgischen Kirchengebäude.

Cognac ist ein Weinbrand aus Weißweinen, der nach der französischen Stadt Cognac benannt ist.

Seit dem Versailler Vertrag dürfen deutsche Produkte nicht mehr Cognac genannt werden – dieser Name ist ausschließlich Weinbränden aus Cognac vorbehalten.

Cognac entstand, weil der Weißwein, der für den Export gedacht war, durch den langen Transport häufig sauer und ungenießbar wurde, bis er per Schiff in Skandinavien, in Nordamerika oder in der Karibik ankam. Daher wurde er gebrannt und das Destillat war deutlich besser und länger haltbar. Zum Trinken wurde der Cognac dann mithilfe von

Wasser verdünnt, bis er wieder die Alkoholkonzentration von normalem Wein hatte.

Die Cognac-Herstellung ist aufwändig und vielen, auch gesetzlichen, Regeln unterworfen. Zunächst wird Weißwein in einer Brennblase destilliert, die maximal 30 Hektoliter fassen, aber nur bis 25 Hektoliter gefüllt werden darf. Bis Ende März muss diese Destillation beendet sein. Diesen ersten Schritt nennt man Rohbrand. In einem zweiten Schritt entsteht aus dem Rohbrand der Feinbrand, der bis zu 72 Volumenprozent Alkohol enthält. Dieser wird dann in Holzfässern gelagert, mit jedem Jahr Lagerzeit verliert der Cognac an Alkohol, weil er sich verflüchtigt und wird weicher im Geschmack. Der Alkoholgehalt wird am Ende beim Verfüllen auf 40 Volumenprozent reduziert.

In Cognac-Kellern ist an den Kellerwänden schwarzer Schimmel, der durch die austretenden Alkoholdämpfe genährt wird.

Sehr dunkler Cognac kann auf eine lange Lagerung im Holzfass hinweisen – oder auf die Zugabe von Zuckercouleur.

Die Lager der Cognac-Hersteller heißen Paradies.

––––––––––––––––

Der älteste jemals unter den Hammer gekommene Cognac ist vom englischen Auktionshaus Sotheby's für umgerechnet knapp 132 000 Euro versteigert worden - die Flasche war 258 Jahre alt.

––––––––––––––––

☞ Eierlikör ☜

Eierlikör wird unter anderem aus Alkohol, Eigelb und Zucker hergestellt.

Eierlikör muss mindestens 14 Volumenprozent Alkohol haben, typisch sind aber ca. 20 Volumenprozent.

Sahne und Milch haben im Eierlikör nichts zu suchen und wenn Sahne oder Milch beigemischt sind, darf das Getränk auch nicht Eierlikör heißen.

Eierlikör ist vor allem zu Ostern und zur Weihnachtszeit beliebt, außerdem als Zutat für Torten und Desserts.

Marktführer in Deutschland ist Verpoorten aus Bonn mit einem Marktanteil von über 80 Prozent.

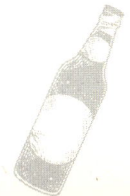

80 Prozent der Eierlikörkunden sind Frauen.

Die Idee für Eierlikör stammt von brasilianischen Ureinwohnern, die aus Avocados, Rum und Zucker ein Erfrischungsgetränk herstellten. Weil aber Avocados in Deutschland schwer zu bekommen waren, verwendete Eugen Verpoorten Eigelb statt Avocados. Das war 1876.

Ähnlich dem europäischen Eierlikör ist der mexikanische Rompope. Eier, Milch, Vanille und Rum werden dort vermischt und getrunken.

Eggnog unterscheidet sich von Eierlikör durch die Zugabe von Milch oder Sahne. Woher der Name Eggnog kommt, ist umstritten. Vielleicht kommt der Name von »Nog«, der Bezeichnung für ein kleines hölzernes Trinkgefäß. Möglich ist auch eine Verballhornung von »Egg and Grog«.

Eine Schwarzwälder Likörspezialität ist »Kirsch mit Ei« – Kirschwasser mit Eierlikör. Diese Mischung wird in Berlin als Berliner Rührei verkauft.

Eine jiddische Variante des Eierlikörs war ein traditionelles Hausmittel gegen Heiserkeit in Osteuropa: Eigelb, vermischt mit Zucker, wurde in Rum aufgelöst und gegurgelt.

Eierlikör enthält immer Ei. Vegane Ersatzprodukte sind nicht zulässig – ein Hersteller, der einen veganen »Veierlikör« herstellte, musste ihn umbenennen, so das Landgericht Trier im Jahr 2018.

Die letzte Frau in Sachsen wurde im Jahr 1908 hingerichtet – zum Tode verurteilt, weil sie ihren Verlobten mit Zyankali im Eierlikör vergiftete.

☞ Gin ☜

Gin muss einen Alkoholgehalt von mindestens 37,5 Volumenprozent besitzen.

Wilhelm III. wurde 1689 englischer König und brachte aus seiner niederländischen Heimat den Genever mit, einen Wacholderschnaps. Um die heimische Wirtschaft zu stützen, legte er fest, dass der nun Gin genannte Schnaps nur aus englischem Getreide gebrannt werden durfte – und machte die Produktion steuerfrei.

Im 18. Jahrhundert brach in Großbritannien die Gin-Krise aus. Binnen weniger Jahre hatte sich der Pro-Kopf-Verbrauch billig hergestellten und schlechten Gins verzehnfacht. Besonders in den Elendsquartieren zog das erhebliche gesundheitliche und soziale Probleme nach sich. In jedem fünften Londoner Haus wurde Gin ausgeschenkt. Die Kindersterblichkeit lag zeitweise bei 75 Prozent, die Sterberate der Bevölkerung übertraf die Geburtenrate bei Weitem.

Empörung in der Bevölkerung löste der Fall Judith Dufour aus, die im Jahr 1734 ihre zwei Jahre alte Tochter umbrachte, auszog und vergrub. Die Kinderkleidung verkaufte sie und kaufte davon Gin. Dufour wurde zum Tode verurteilt und gehenkt.

Die englische Regierung erhöhte daraufhin die Steuern auf Alkohol und vergab Schanklizenzen. So konnte die Gin-Krise nach und nach eingedämmt werden.

Der Gin wurde vom Arme-Leute-Schnaps zum Getränk der Oberschicht, als im Jahr 1791 im sogenannten Gin Act die Qualität und Herstellung reguliert wurden. In den Stadtvierteln Bloomsbury und Finsbury entstanden Destillerien, die sich auf hochwertigen Gin spezialisierten.

Bombay Sapphire ist jünger, als es der Auftritt und die Bekanntheit vermuten lassen. Erst 1987 wurde Bombay Sapphire gegründet. Jedoch liegt angeblich ein Originalrezept aus dem Jahr 1761 zugrunde. Traditionell enthält Bombay Sapphire 47 Prozent Alkohol, wird aber auf dem deutschen Lebensmittelmarkt fast ausschließlich in einer reduzierten Trinkstärke von 40 Prozent angeboten.

Der Schotte Alexander Gordon gründete 1769 seine Destillerie, ursprünglich im Londoner Stadtteil Southwark gelegen. Die Destillerie zog 1786 nach Clerkenwell in die Goswell Road, wo sie sich bis heute befindet. Ab 1800 belieferte Gordon's die Royal Navy, 1898 verschmolz die Firma mit Charles Tanqueray & Co. zur Tanqueray Gordon & Co. Der letzte Nachfahre des Gründers, Charles Gordon, verstarb 1899. 1904 wurde die typische viereckige Flasche aus grünem Glas eingeführt, mit flacher Front und gewölbter Rückseite. Diese Flaschenform ist heute nur noch auf dem britischen Markt erhältlich, auf Exportmärkten und Lizenzproduktionen sind die Gordon's-Flaschen aus klarem Glas.

Gordon's Gin stellte 1951 bei den Dreharbeiten für *African Queen* den Gin zur Verfügung, den Humphrey Bogart in seiner Rolle als Kapitän Charlie Allnutt exzessiv konsumiert und den Katharine Hepburn in einer zentralen Szene des Films über Bord schüttet. Im Gefolge des Films steigerte Gordon's seine Verkäufe um 26 Prozent.

Monkey 47 ist eine aus dem Schwarzwald stammende Dry-Gin-Marke, bezeichnet als »Schwarzwald Dry Gin«. Der Gin wird von der in Loßburg (Baden-Württemberg) ansässigen Brennerei Black Forest Distillers hergestellt. Die Spirituose wurde von Alexander Stein und Christoph Keller seit 2008 entwickelt und gelangte erstmals im Jahr 2010 in

einer Auflage von 2000 Flaschen in den Handel. Nur drei Jahre später wurden bereits 150 000 Flaschen produziert.

Die bekannte Gin-Marke Hendrick's wurde erst im Jahr 2000 eingeführt, zunächst nur auf dem US-Markt. Der Aufdruck »Est. 1886« auf den Flaschen legt nahe, dass es sich um eine Rezeptur aus dem 19. Jahrhundert handele und der Gin eine entsprechend lange Tradition habe. Tatsächlich ist es lediglich das Jahr, in dem William Grant seine erste Whiskey-Brennerei gründete und damit den Grundstein für das Unternehmen legte, das Hendrick's Gin heute produziert.

Das Lieblingsgetränk von Queen Mum, der letzten Kaiserin Indiens, war Gin Tonic – und sie wurde stolze 101 Jahre alt.

Das Land mit den meisten Gin-Trinkern ist … nicht England, sondern die Philippinen.

In den 1920er-Jahren in aller Munde, heute nahezu unbekannt: der Gin Twist. Er bestand aus Gin, Zitronensaft, Zuckersirup und heißem Wasser.

Die sogenannten Botanicals, also die pflanzlichen Gin-Geschmacks-stoffe, sind sehr unterschiedlich. Von Koriander über Lakritz oder Basilikum bis hin zu Pfefferkörnern oder Zitronenschalen – in einen Gin passt fast alles. Nur Wacholder ist verpflichtend.

Gin passt geschmacklich perfekt zu Curry.

Bevor die Bloody Mary als Katergetränk etabliert wurde, trank man in London Tomatensaft mit Gin.

Wacholder, der für Gin verwendet wird, ist fast immer wildwachsend.

Am 2. Samstag im Juni wird der World Gin Day begangen.

 Korn und Schnaps

Korn muss aus Getreide gewonnen werden. Am verbreitetsten sind Weizen und Roggen.

Korn hat mindestens 32 Volumenprozent, Doppelkorn mindestens 38.

1507 erhob die Stadt Nordhausen in Thüringen eine Steuer auf Korn. Das ist der erste schriftliche Beleg für die Herstellung von Korn. 1545 verbot die Stadt Nordhausen das Brennen von Korn – wohl auf Betreiben der Bierbrauer. Dennoch erlebte das Kornbrennen dort einen starken Aufschwung, besonders nach dem Dreißigjährigen Krieg.

Im 19. Jahrhundert veränderten sich in Deutschland, Österreich und der Schweiz die Trinkgewohnheiten. Tranken die Leute zuvor hauptsächlich Bier und Wein – wenn auch mitunter in rauen Mengen – wurden Schnäpse immer populärer. Der Schnapspreis sank hauptsächlich durch den Kartoffelschnaps, weil Kartoffeln zahlreich und billig zu bekommen waren. Die um sich greifende Schnapssucht des 19. Jahrhunderts wird auch »Branntweinpest« genannt, in Österreich und der

Schweiz »Kartoffelschnapspest«. 1887 wurde in Deutschland die Branntweinsteuer erhoben, um den Branntweinkonsum zu reduzieren, was auch gelang. Der Bierkonsum stieg dann wieder an.

Die erste Kartoffelbrennerei in Deutschland wurde ca. 1750 in Monsheim in Rheinhessen in Betrieb genommen, aber schon 1682 wurde die Herstellung von Branntwein aus Kartoffeln erstmals erwähnt.

Den Durchbruch schaffte der Kartoffelschnaps aber erst 1817, als Johann Heinrich Leberecht Pistorius aus Berlin einen Brennapparat entwickelte und patentierte. Berlin wurde zum Zentrum des Schnapshandels, in Brandenburg entstanden binnen weniger Jahre über 1000 Kartoffelschnapsbrennereien.

In der Schweiz breitete sich die Kartoffelschnapspest ab ca. 1870 aus, als die Gewerbefreiheit eingeführt wurde und eine Vielzahl von Kleinbrennereien entstand. Die Alkoholfrage bestimmte die Schweizer Politik von den 1880er-Jahren bis 1930.

Durch die Popularität von Kartoffelschnaps sank auch der Kornkonsum – und stieg wieder an, als der Kartoffelschnaps unbeliebter wurde. Häufig wurde Korn auch mit Kartoffelschnaps gepanscht, was schließlich gesetzlich untersagt wurde.

Die Überproduktion von Kartoffelschnaps war im frühen 20. Jahrhundert so stark, dass Kartoffelschnaps als Ersatz für Petroleum in Lampen eingesetzt wurde und sogar dem Kraftstoff für Autos beigemischt wurde.

Korn wird häufig mit Quellwasser hergestellt, Eiskorn mit Gletscherwasser.

Der Vater des späteren Reichskanzlers Otto von Bismarck besaß eine Kornbrennerei.

Die Kornbrennerei benötigt viel metallisches Inventar: Kupfer, Messing und Bronze werden für Rohre und Behälter verwendet und wurden in beiden Weltkriegen konfisziert, was der Kornherstellung jeweils schwe-

re Rückschläge beibrachte. Ab 1954 wird in Deutschland wieder Korn hergestellt.

Beinahe die Hälfte der deutschen Kornbrennereien liegen in Westfalen und Lippe.

Korn ist auch als »Herrengedeck« populär, in Kombination mit Bier.

Mit Früchten aromatisierter Korn war ab den 1960er-Jahren beliebt – besonders der Apfelkorn.

Beim Kornbrennen entsteht ein besonders hochwertiges Tierfutter als Nebenprodukt.

Bis 2017 wurde in Deutschland die Branntweinsteuer erhoben – seit 2018 gilt das Alkoholsteuergesetz.

Der Serienmörder Fritz Honka trank in den Hamburger Hafenkneipen bevorzugt FaKo – Fanta, gemischt mit Korn. FaKo gewann durch Heinz Strunks Porträt Fritz Honkas, *Der Goldene Handschuh*, und die folgende Verfilmung durch Fatih Akin neue Popularität.

In Uganda gibt es einen beliebten Schnaps, der aus Hirse hergestellt wird: Waragi. Der Name stammt aus der britischen Kolonialzeit und lautete ursprünglich »War Gin«, also Kriegsgin. Aber auch andere Ausgangsstoffe werden zu Waragi gebrannt, zum Beispiel Kochbananen oder Maniok.

In Thailand wird ein Schnaps aus Klebreis gebrannt, Lao Khao. Die Lao-Khao-Produktion begann bereits vor mehr als 400 Jahren. König Rama I. erklärte 1786 alle privaten Destillerien für illegal und ließ Thailands erste staatliche Destillerie eröffnen. Auch heute noch wird Lao Khao staatlich hergestellt.

Der weltweit am meisten konsumierte Schnaps ist Baijiu, ein weißer Getreideschnaps, der aus China stammt. Er enthält 50 bis 55 Prozent Alkohol.

Habushu ist ein Schlangenschnaps. Er zeichnet sich durch die Beson-
derheit aus, dass sich in der Flasche der Körper einer Schlange befindet. Für Habushu wird die Habu-Schlange Protobothrops flavoviridis –
eine Grubenotter – verwendet, die auf den japanischen Ryūkyū-Inseln
endemisch lebt.

Habus sind Giftschlangen. Ihr Biss führt zu Symptomen wie Blutdruck-
abfall, Erbrechen und Lähmungserscheinungen und kann in manchen
Fällen auch tödlich verlaufen. Etwa 5000 Habu-Schlangen werden
jährlich für den Schlangenschnaps getötet. Wenn die Tiere in Alkohol eingelegt werden, soll sich das Gift mit der Zeit inaktivieren und
zum Genuss tauglich werden. Im Volksglauben soll der Schnaps anre-
gend auf die Libido wirken, da die Schlange angeblich einen bis zu
26-stündigen Paarungsakt durchführen soll.

Als Basis für Habushu dient der Awamori-Schnaps, ein Destillat aus
japanischem Langkornreis, der mit Kräutern und Honig versetzt wird,
was zu einer goldgelben Färbung führt. Danach wird eine Schlange
in den Schnaps gelegt, bis dieser verkauft wird. Eine Methode ist, die
Schlange im Alkohol zu ertränken und in der Flasche zu versiegeln. Eine
andere Möglichkeit ist, das Tier mit Eis zu betäuben, auszunehmen und
in Ethanol einzulegen. Hier wird die Schlange in eine 59-prozentige
alkoholische Lösung für etwa 40 Tage eingelegt und danach in eine

35-prozentige Awamori-Mischung gegeben. Die zweite Methode soll den strengen Eigengeruch des Getränkes vermindern, da die Innereien zuvor entfernt werden. Der Awamori wird je nach Rezept häufig mit zerstampftem Reis und einem Schimmelpilz versetzt, bevor er zum Reifen ins Lager gebracht wird. Je nach Marke befindet sich bei Verkauf das Tier noch in der Flasche, andere verkaufen lediglich den Schnaps.

Tongba ist ein Schnaps aus fermentierter Fingerhirse. Populär ist Tongba vor allem in den östlichen Bergregionen Nepals und den angrenzenden indischen Gebieten Darjeeling und Sikkim. Tongba gilt als das traditionelle Getränk von Sherpas und den Limbu-Stämmen in Ostnepal. Den Gästen Tongba anzubieten, gilt in der Kultur der Limbus als eine wichtige Geste des Respekts.

Die für Tongba verwendete Fingerhirse hat einen überdurchschnittlich hohen Calcium-Gehalt. Die gekochte Hirse wird abgekühlt und mit Murcha gemischt, einer Mischung aus Bakterien und Hefe. Anschließend zieht die Masse in einem abgedeckten Bambuskorb für ein bis zwei Tage an einem warmen Ort. Die süßliche Masse wird abschließend in einem luftdichten Container für weitere sieben bis fünfzehn Tage gelagert.

Die Zeit des Fermentations- und anschließenden Lagerprozesses hat einen starken Einfluss auf den endgültigen Geschmack von Tongba. Während der Lagerung wird der Geschmack noch intensiver und süßlich. Die traditionelle Lagerzeit liegt bei etwa sechs Monaten. Für den Verzehr wird die fertig fermentierte Hirse in einem speziellen Container aus Aluminium oder Holz angerichtet und mit heißem Wasser übergossen. Die Tongba muss dann etwa fünf Minuten ziehen und kann anschließend mit einem dünnen Strohhalm getrunken werden. Hierfür sollte der Strohhalm an einem Ende eingedrückt werden, damit nicht unnötig viel Hirse aufgesaugt wird. Ist das Wasser aufgebraucht, kann der Prozess drei- bis viermal wiederholt werden, bis der Geschmack letztlich nachlässt.

Topinambur wurde schon Ende des 19. Jahrhunderts für das Brennen von Destillaten verwendet. In Baden werden die Topinambur-Knollen zu einem Verdauungsschnaps verarbeitet, der unter den Bezeichnungen »Topinambur-Branntwein«, »Topinambur«, »Topi«, »Erdäpfler«, »Rossler« (abgeleitet von Ross-Erdäpfel) oder »Borbel« verkauft wird. Topinambur-Branntwein duftet fruchtig und hat ein leicht nussig-süßliches Aroma. Charakteristisch ist der intensive, aber erdige Geschmack, der entfernt an Enzian erinnert.

In Japan wird der Schnaps Shōchū je nach Jahreszeit und persönlichem Geschmack meist mit Eis gemischt oder mit heißem Wasser getrunken. Er wird auch mit Oolong-Tee oder Früchtetee (etwa Grapefruit) gemischt. Shōchū wird mit Schimmelpilzen fermentiert.

Tresterbrand ist eine Spirituose, die aus vergorenem Traubentrester (den Rückständen der Weinmaische, z. B. Stängel, Schalen, Kernen) destilliert wird. Für die Herstellung von Tresterbrand ist zum einen die Herstellung von Wein, andererseits die Destillation notwendig.

Während die Weinherstellung wesentlich älter ist, geht man davon aus, dass die Destillationskunst im persischen Raum entdeckt wurde. Berichte über erste einfache Destillationsgeräte stammen aus dem Jahr 400 n. Chr. Insbesondere im arabischen Raum hat sich die Destillationskunst für medizinische Zwecke schnell verbreitet.

Um das 11. Jahrhundert, mit Beginn der Kreuzzüge, brachten Gelehrte die neue Destillationstechnik nach Italien, wo sie insbesondere durch die Jesuiten verbreitet wurde. Aus derselben Zeit stammen auch erste Dokumente, die die Destillation von Wein beschreiben. Im Jahre 1451 wird erstmals Grappa erwähnt: Ein piemontesischer Notar hinterließ

seinen Nachfahren einen Keller mit einer Destillationsanlage und größeren Mengen an »aquavit« bzw. »grape«.

Grappa ist ein klassischer Tresterbrand. Die beliebtesten Grappas werden aus den Trestern roter Trauben gewonnen. Durch das Holz von Lagerfässern können Farbe, Geschmack und Geruch bestimmt werden. Grappas aus Kirschholzfässern besitzen einen süßeren, die aus Eichenholzfässern einen herberen Geschmack.

Auch der Marc de Champagne, der häufig in der Trüffelherstellung Verwendung findet, ist ein Tresterbrand. Wie beim Champagner werden für Marc de Champagne nur die Traubensorten Pinot Noir, Pinot Meunier und Chardonnay verwendet.

Bommerlunder, bekannt aus dem Lied der Toten Hosen, ist ein Aquavit. Die Wortmarke Bommerlunder wurde am 6. Januar 1896 in das deutsche Markenregister eingetragen.

☞ Met und andere ☞ Honigweine

Honigwein und Met haben in allen Kulturen etwas Göttliches. Nektar, den auch die Bienen sammeln, steht für die göttliche Speise und das Paradies wird beschrieben als Land, in dem Milch und Honig fließt.

Seit ältester Zeit stellen die Menschen, die über ausreichend Honig verfügten, Met her. Die spontane Verwandlung von Honigwasser in ein viel geschmackvolleres Getränk mit der berauschenden Wirkung des Alkohols machte den Met in der nordischen Mythologie zum Trank und Geschenk der Götter. Der Honigwein wurde nicht nur auf Feiern in großen Mengen getrunken, sondern diente auch als Trank der Götter in kultischen Handlungen.

Met genoss bis ins Mittelalter einen hohen Stellenwert und war ein normales Alltagsgetränk. Durch das Aufkommen von Bier im Norden und Wein im Süden Europas verringerte sich der Konsum von Met stetig, weil die durch Metsieder erfolgte Herstellung des Getränks im Vergleich zu Bier und Wein teurer und aufwändiger ist.

Auch im Mittelalter wurde Met produziert und getrunken. Kaiser Karl der Große befahl, dass in jedem landwirtschaftlichen Musterbetrieb Bienen gezüchtet und Met produziert werden soll. Auch im Kloster St. Gallen wurde um das Jahr 1000 Met, zusammen mit Käse, als Nachtisch serviert.

———————

Skaldenmet ist ein Mythos aus der nordischen Mythologie. Er ist der Honigwein, nach dessen Genuss jeder gut singen und dichten kann.

———————

Mit Kirschen vergorener oder mit Kirschsaft vermischter Met wird als Wikingerblut bezeichnet. Kommt noch eine scharfe Gewürzmischung dazu, heißt es Drachenblut.

———————

Üblicherweise hat Met zwischen 11 und 16 Volumenprozent Alkohol, er kann aber auch 20 Prozent haben.

———————

Honig besitzt eine antibakterielle Wirkung, was sich die Menschen in der Antike und im Mittelalter auch zunutze machten, indem sie Met als Arzneimittel verwendeten.

———————

Tej ist ein äthiopischer Honigwein, hergestellt aus Honig, Wasser und Stängeln des Gesho-Strauchs. Der Alkoholgehalt beträgt zwischen 6 und 11 Prozent. Das bernsteinfarbene und nach der Filtrierung klare Getränk wird in Äthiopien hauptsächlich für den Privatgebrauch hergestellt.

───────────────

Im Jahr 980 v. Chr. sei die Königin von Saba mit nach Jerusalem gereist, habe mit König Salomo mitgebrachten Tej getrunken und gemeinsam hätten sie Menelik gezeugt, der zum ersten König Äthiopiens werden sollte.

───────────────

Zum Herstellen und Servieren von Tej hatten die höheren Schichten in Äthiopien eigenes Personal, Tej azai, angestellt.

───────────────

Beim Metfund von Hochdorf handelt es sich um Rückstände eines Getränks, die im sogenannten Fürstengrab von Hochdorf in Baden-Württemberg (Mitte 6. Jahrhundert v. Chr.) vorgefunden wurden. Für den Verstorbenen wurde durch seine Grabbeigaben ein Festgelage inszeniert, dessen Gastgeber er war. Zum Trinkservice gehörten ein Bronzekessel mit Met, eine goldene Schöpfschale und neun Trinkhörner. Es wurde ergänzt durch ein Speiseservice aus neun Bronzetellern,

drei Servierbecken und Schlachtgerät. Eingeladen waren also acht Gäste; für jeden Teilnehmer des Gelages wurden etwa 38 Liter Met veranschlagt.

———————

Der Metfund von Hochdorf verrät auch viel über die Verbreitung von Blühpflanzen vor Christi Geburt in Deutschland. Vom Met blieb im Kessel ein 8 bis 10 Millimeter dicker Bodensatz erhalten, der sehr pollenreich war. Daraus ließ sich auf einen Blütenhonig (Sommerhonig) aus einheimischer Tracht schließen, der allerdings aus einem großen Gebiet und einer Vielzahl von Biotopen zusammengebracht worden war. Die häufigsten Honiglieferanten waren Thymian, Sandknöpfchen, Wegerich, Wiesen-Flockenblume und Wundklee. Auffällig ist, dass Salbei, der heute in dieser Region ein wichtiger Lieferant für Blütenhonig ist, komplett fehlt.

———————

Das deutsche Wort »Met« hat seine Wurzeln im indogermanischen Wortstamm »medhu-«, mit dem zumeist der Honig bezeichnet wurde. Wie verbreitet dieser Wortstamm im indogermanischen Sprachraum ist, zeigen das slawische »med«, sowie das spanische und französische »miel«.

———————

Medowucha ist ein altes russisches alkoholhaltiges Getränk mit ausgeprägtem würzig-süßem Honiggeschmack. Die Zubereitung der Medowucha erfolgt durch Gärung verdünnter Beeren- bzw. Fruchtsäfte unter späterer Hinzufügung von Honig und Alkohol. Der Alkoholgehalt der klassischen Medowucha variiert je nach Sorte im Bereich von etwa 10 bis 16 Prozent. Durch die Gärung bildet sich Kohlensäure, was der Medowucha ihr typisches Prickeln verleiht.

Bärenfang, auch Meschkinnes genannt, ist ein aus Ostpreußen stammender Likör aus Honig, Gewürzen und hochprozentigem Alkohol. Der erste kommerzielle Anbieter von Bärenfang war die Firma Teucke & König aus Königsberg, mit ihrer Marke Bärenjäger, deren ursprüngliche Flaschenetiketten von einem Jäger mit einem eingefangenen Bären geziert wurden.

Obst, Früchte & Co.

Beim Obstbrand werden die Früchte selbst gegärt, beim Obstgeist werden die Früchte nur zugesetzt. Himbeeren zum Beispiel können nicht gären, weil sie zu wenig Zucker haben; deswegen gibt es nur Himbeergeist, aber keinen Himbeerbrand.

Williams Birnenbrand wird häufig mit einer ausgewachsenen Birne in der Flasche verkauft. Um die Birne in die Flasche zu bekommen, werden nach der Birnbaumblüte Flaschen über die kleinen Früchte gestülpt. Die Birnen wachsen bis zum Herbst in der Flasche zu ihrer vollen Größe heran. Da sich aber nur ein Drittel der Birnen gut entwickelt, wird von manchen Herstellern die preiswertere Alternative gewählt, die Flasche am Boden aufzuschneiden, eine ausgereifte Birne hineinzugeben und den Boden wieder anzukleben. Da die Schnittstelle deutlich erkennbar ist, wird sie häufig mit einem Etikett überklebt.

Die Herstellung von Mirabellenbränden ist aufwändig – die Früchte müssen per Hand geschüttelt und dann aufgesammelt werden. Mirabellenbrände können bis zu 100 Euro pro Liter kosten.

Der Ginjinha ist ein portugiesischer Likör aus Sauerkirschen, der mit eingelegten Kirschen aus Schnapsgläsern getrunken wird. Die Kirschkerne werden auf den Boden gespuckt.

Sliwowitz ist ein Pflaumenschnaps, der in ganz Ost-, Ostmittel- und Südosteuropa verbreitet ist. Goldfarbener Sliwowitz wurde in Fässern gelagert, weißer in Flaschen.

Auf dem Balkan gibt es ein dem Glühwein ähnliches Wintergetränk: Zucker wird in einer Pfanne gebräunt, mit Honig unterrührt und anschließend mit Sliwowitz übergossen.

Verwechslungsgefahr besteht zwischen Kruškovac und Hruškovica. Kruškovac ist ein Birnenlikör aus Kroatien, mild und süß im Geschmack. Hruškovica ist ein Birnenschnaps, ähnlich der Williams Birne mit deutlich mehr Volumenprozent.

Die Mischung aus Sliwowitz und Kruškovac heißt Julischka und ist ein beliebter Aperitif, wird aber auch in den Kaffee gemischt.

Amaretto heißt eigentlich »der kleine Bittere«, da Amaretto ursprünglich aus Bittermandeln hergestellt wurde.

Auch Aprikosenkerne werden zu Amaretto verarbeitet.

Amarula wird aus den Früchten des Marula-Baums hergestellt, der vor allem in Südafrika wächst. Ein einzelner Marula-Baum kann bis zu 500 Kilogramm Früchte pro Jahr tragen. Marulafrüchte sind Steinfrüchte und reich an Vitamin C und Calcium.

Die eigentlich mittelamerikanische Kaktusfeige (oder Opuntie) wurde schon um ca. 1500 aus Malta eingeführt. Dort wird seither auch ein Likör aus Kaktusfeigen hergestellt, der Bajtra genannt wird.

Cointreau wird unter anderem aus Orangenschalen hergestellt. Die Widerstandskämpfer Henning von Tresckow und Fabian von Schlabrendorff wollten Adolf Hitler im März 1943 umbringen. Dafür schmuggelten sie eine Bombe in den Gepäckraum von Hitlers Flugzeug – dort vereiste sie und explodierte nicht. Die Bombe befand sich in einer Kiste mit zwei Flaschen Cointreau.

Crème de Cassis wird aus schwarzen Johannisbeeren hergestellt, die innerhalb von 24 Stunden nach der Ernte verarbeitet werden müssen. Es existiert auch Crème de Cerises, also ein Kirschlikör, auch Guignolet genannt.

Nach der Insel Curaçao wurde eine ganze Gruppe von Likören benannt – nämlich die mit Orangengeschmack, also auch der Cointreau. Auf Curaçao werden bereits seit 1527 Orangen angebaut, was jedoch nur schlecht gelang, weswegen die Plantagen aufgegeben wurden. Die Pflanzen verwilderten und bildeten neue Unterarten. Diese neuen, bitteren Unterarten hatten Früchte, die zwar kein genießbares Fruchtfleisch, aber eine sehr aromatische Schale hatten. Aus diesen Schalen wurden dann die Liköre hergestellt.

Auch Grand Marnier ist ein Curaçao, also ein Likör aus Bitterorangen. Auf allen Grand-Marnier-Flaschen ist der Produktionszeitpunkt vermerkt, meist auf der Banderole am Flaschenhals. L0800310 bedeutet eine Herstellung im Jahr 2008, am dritten Tag, also am 3. Januar, zwischen 10 und 11 Uhr.

Der Danziger Likör Krambambuli hat es zu hohen Literaturehren gebracht. Marie von Ebner-Eschenbach veröffentlichte die gleichnamige Erzählung im Jahr 1883.

Krambambuli ist ein Kunstwort aus Krandewitt (Wacholder) und Blamp (Rotwelsch für alkoholisches Getränk) und bezeichnet einen Wacholderlikör, dem häufig auch andere Früchte, beispielsweise Kirschen, beigefügt sind.

Krambambuli wurde im »Lachs zu Danzig« hergestellt, eine Likörfabrik in der Danziger Innenstadt, die heute ein Restaurant beherbergt: »Pod Łososiem«, auf Deutsch: »Zum Lachs«.

Ebenfalls im »Lachs zu Danzig« wurde das Danziger Goldwasser hergestellt, ein würzig-süßer Likör, in dem Blattgoldflocken schwimmen. Danziger Goldwasser zeichnet sich durch seine Mischung aus Frucht- und Gewürzbestandteilen aus: Orangen- und Zitronenschalen sind ebenso Grundlage wie Kümmel, Lavendel und Wacholderbeeren. Das Gold hat auf den Geschmack keinen Einfluss.

———————————————

Danziger Goldwasser war der Lieblingslikör der Zarin Katharina der Großen.

———————————————

Ähnliche Zutaten wie das Danziger Goldwasser hat das Schwabacher Goldwasser aus Franken.

———————————————

Die in Skandinavien häufigen Moltebeeren, auch Torfbeeren genannt, werden in Finnland zum beliebten Likör Lakka verarbeitet. Moltebeeren sind auch auf der Rückseite der finnischen 2-Euro-Münze abgebildet.

———————————————

Ebenfalls aus Finnland kommt Minttu, der erste reine Pfefferminzschnaps der Welt, der häufig gemeinsam mit Trinkschokolade getrunken wird.

―――――――――――

Limoncello wird aus den ätherischen Ölen der Zitronenschale hergestellt. Dafür werden die Zitronen gewaschen und vorsichtig geschält, denn nur die gelben Bestandteile der Schale dürfen verwendet werden, die darunterliegenden weißen Teile wären zu bitter.

―――――――――――

Maraschino kommt trotz seines italienischen Namens aus Kroatien. Maraschino ist ein Kirschlikör, der aus Maraska-Kirschen hergestellt wird, die in Dalmatien wachsen. Die dalmatinische Hafenstadt Zadar gehörte im 18. Jahrhundert, als der Maraschino erfunden wurde, zu Venedig. Im dortigen Dominikanerkloster wurde der erste Maraschino hergestellt.

―――――――――――

Midori ist ein japanischer Melonenlikör, der durch seine grüne Farbe auffällt. Midori bedeutet auch »grün«. Jahrzehntelang wurde Midori außerhalb Japans kaum beachtet, bis er 1978 im Studio 54 in New York vorgestellt wurde und seinen Durchbruch erlebte.

―――――――――――

Der Nocino wird aus unreifen Walnüssen hergestellt, die traditioneller-weise in der Johannisnacht (die Nacht vom 23. auf den 24. Juni) ge-pflückt werden. Die unreifen Nüsse werden einige Wochen in Grappa eingelegt und gewürzt. Hergestellt wird der Nocino hauptsächlich in der Emilia Romagna und im Tessin.

In Spanien beliebt ist Patxaran, ein Likör aus Anis und Schlehen. Schon Königin Blanka von Navarra trank im Jahr 1441 den Likör, um sich von einer Krankheit zu erholen. Patxaran wird heute meist auf Eis als Diges-tif, also nach dem Essen, getrunken.

Röteli stammt aus Graubünden in der Schweiz und wird dort beson-ders zum Neujahrstag getrunken.

Schlehenlikör war lange in Vergessenheit geraten, wird aber heute unter dem trendigeren Namen Sloe Gin wieder erfolgreich vermarktet – dabei muss Sloe Gin keinen Gin enthalten.

Die Schwarzwälder Kirschtorte hat ihren Namen wohl vom Kirschwasser aus dem Schwarzwald, das unverzichtbare Zutat ist.

Auch die Zuger Kirschtorte aus der Schweiz ist nach einem Kirsch-brand benannt, dem Zuger Kirsch: ein Kirschwasser, dessen Kirschen aus der Region um die Schweizer Stadt Zug geerntet und destilliert werden müssen.

Schon im Jahr 1870 gründeten Kirschbauern und Kirschbrenner in und um Zug die Kirschwasser-Gesellschaft in Zug, um den Export anzukur-beln. Die Gesellschaft unterhielt Agenturen in Russland, dem Osmani-schen Reich, Nord- und Südamerika und in der Karibik. 1932 wurden die Geschäfte eingestellt, die internationale Nachfrage nach Zuger Kirsch hielt jedoch ungebrochen an.

Oberhalb einer Höhe von 1500 Meter wachsen Zirbelkiefern, die in Österreich zu Zirbenlikör weiterverarbeitet werden. Möglich ist auch die Herstellung von Zirbengeist, ohne Zuckerzugabe und nach Brenn-vorgang.

Lillet ist Wein, der im Verhältnis 85 Prozent zu 15 Prozent mit Fruchtlikören gestreckt ist.

Lillet entstand 1887, als Idee, Bordeaux-Weine mit exotischen Früchten zu kombinieren.

In *Casino Royale* lässt sich James Bond einen Martini mit Kina Lillet anstelle von Wermut servieren. Das Rezept wird erstmals in Ian Flemings Roman *Casino Royale* von 1953 erwähnt. Das Rezept bezieht sich auf den Kina Lillet, der seit 1987 nicht mehr hergestellt wird.

Persiko ist ein Branntwein aus Obststeinen oder Bittermandeln. In Deutschland ist Persiko zudem die seit etwa den 1970er-Jahren üblich gewordene Bezeichnung eines eigentlich »Sauern mit Persiko« genannten Likörs aus Sauerkirschsaft mit 16 bis 25 Volumenprozent Alkohol – in den 1970ern ein absolutes Kultgetränk.

Licor 43 wird seit 1924 von der Brennerei Diego Zamora S.A. in Cartagena in der spanischen Region Murcia hergestellt. Er soll sich aus

einem über 2000 Jahre alten Rezept entwickelt haben. Den Namen verdankt der Likör den 43 Zutaten, aus denen er nach geheimer Rezeptur hergestellt wird. Größtenteils handelt es sich dabei um Gewürze, eine der Zutaten ist Vanille, die man am deutlichsten herausschmeckt. Der Likör hat sich zudem – in Discotheken und Nachtclubs besonders auf Mallorca – mit Milch gemischt als Longdrink unter den Namen »Milch 43«, »Blanco 43« oder »Muttermilch« etabliert.

Der US-amerikanische Präsident John Adams trank jeden Morgen einen Viertelliter Cidre.

In seiner Komödie *Romulus der Große* lässt Friedrich Dürrenmatt den Protagonisten Romulus immer wieder Spargelwein trinken – dabei handle es sich angeblich um ein vergorenes Spargelgetränk, wie aus dem Programmheft der Uraufführung am Stadttheater Basel hervorgeht, das beschreibt, dass Spargelwein aus Spargelwurzeln gewonnen würde. In Wahrheit gab es nie und gibt es keinen Wein aus Spargelwurzeln. Als Spargelwein wird Weißwein bezeichnet, der besonders zum Genuss von Spargel geeignet ist.

Johannisbeerwein ist ein sehr fruchtiger Obstwein, bei dem durch den Zusatz von Zucker der tatsächliche Alkoholgehalt höher liegt als meist im subjektiven Empfinden angenommen. Die Gefahr der ungewollten Berauschung liegt bei diesem Getränk daher höher als bei anderen alkoholischen Getränken.

In Österreich und der Slowakei wird der Johannisbeerwein nach der österreichischen Bezeichnung für Johannisbeeren meistens Ribiselwein genannt.

Johannisbeerwein erhält eine besondere literarische Würdigung in Heimito von Doderers Roman *Die Strudlhofstiege*.

Schon die Griechen und Römer kannten die Herstellung von Apfelwein, so auch in Augusta Treverorum, dem heutigen Trier. Plinius der Ältere (23 bis 79 n. Chr.) berichtet: »Vinum fit e piris malorumque omnibus generibus.« (»Man macht Wein aus Birnen und allen Sorten von Äpfeln.«). Auch Mostäpfel (mustea) wurden angeführt. Der Ackerbauschriftsteller Palladius beschreibt im 4. Jahrhundert n. Chr. die Zubereitung des Weins aus Birnen.

In Frankfurt ist der Apfelwein um das Jahr 1600 nachgewiesen. Bereits 1638 wurde per Ratsverordnung eine Reinhaltungsbestimmung festgelegt, an die sich die Apfelweinkelterer noch heute halten müssen. 1754 wurde die erste Schankerlaubnis in Frankfurt erteilt, seit diesem Zeitpunkt wurde das Getränk auch versteuert.

Als Äppeläquator wird die Sprachgrenze zwischen Rheinfränkisch (Untermainländisch) und Mainfränkisch (Unterfränkisch) bezeichnet. Der Äppeläquator verläuft im Spessart entlang einer Linie von Wertheim nach Schollbrunn. Er ist die Sprachgrenze vom mainfränkischen zum rheinfränkischen Dialekt, eine der bekanntesten Sprachgrenzen Deutschlands. An der Straße von der Raststätte Rohrbrunn nach Schollbrunn steht seit Mai 2004 ein Gedenkstein, auf dem ein kurzes Gedicht in beiden Dialekten von dieser Grenze wie folgt berichtet:

»Hier löscht der Oepfelmoust dein Durscht, den Hunger Grumbiernbrei un Wurscht. Degeche: Worscht un Äppelwoi, muss uff de annern Seide soi.«

Der Ebbelwei-Expreß ist eine Sonderlinie der Frankfurter Straßenbahn. Die Linie wurde 1977 anlässlich der bevorstehenden Abstellung der letzten zweiachsigen Straßenbahnen ins Leben gerufen und sollte

eigentlich nur kurze Zeit verkehren. Dank des enormen Erfolgs blieb die Kuriosität aber bis heute bestehen. Ihren Namen verdankt die beliebte Straßenbahn dem in Hessen hergestellten und im Wagen ausgeschenkten »Ebbelwei«.

Als Most wird allgemein durch Keltern (Pressen) gewonnener Fruchtsaft bezeichnet, je nach Gegend auch bereits vergorener. Übliche Früchte sind Äpfel (Apfelmost), Birnen oder Trauben (Federweißer).

Im späten 15. Jahrhundert (1487) ist die Verwendung einer Maßeinheit für Most (»Meraner mostmass«) aus dem Südtiroler Untervinschgau bezeugt. Aus einer Ortschronik vom Ende des 19. Jahrhunderts geht hervor, dass Most auf der Schwäbischen Alb in dieser Zeit zu einem der wichtigsten Getränke zählte.

Nach seiner Obstproduktion und dessen Verwendung heißt das südwestliche Viertel von Niederösterreich Mostviertel. Es liegt mit seiner Mostproduktion österreichweit allerdings nur auf Platz 3, die Steiermark auf Platz 2 und knapp die Hälfte der Mosternte Österreichs erfolgt in Oberösterreich.

Die ersten Berichte über die Verwendung des Saftes des Apfels stammen aus einer Zeit um 400 v. Chr. Der griechische Geschichtsschreiber Herodot berichtete von einem Stamm in Kleinasien, im Gebiet des heutigen Side, welcher offensichtlich das Auspressen von Äpfeln betrieb. Side ist griechischen Ursprungs und bedeutet Granatapfel. Der Ort ist der griechischen Mythologie nach so benannt, weil Side, eine Tochter des Taurus, sich in einen Granatapfelbaum verwandelte, nachdem sie von einer in einen Baum verwandelten Nymphe in der Nähe des Flusses Manavgat verletzt wurde. Der von Herodot beschriebene Volksstamm ist zwar ausgestorben, aber die Herkunftsbezeichnung Side für das alkoholisierte Apfelsaftgetränk findet sich noch heute im Cidre (Frankreich), Cider (Großbritannien, Irland) oder Sidra (Spanien) wieder.

»Snake Bite« ist die Bezeichnung für ein Mischgetränk aus Cider, hellem Bier (meistens Lager, in Deutschland zuweilen auch Pils) und manchmal auch einem Schuss Schwarze Johannisbeere, der dem Getränk eine rote Farbe verleiht. In einigen Gaststätten gibt es auch das »Poor Man's Black Velvet« (»Schwarzer Samt des armen Mannes«) genannte Mischgetränk aus Cider und Guinness. Ein »Cider Black« ist in Großbritannien ein Glas Cider mit einem Schuss Sirup der Schwarzen Johannisbeere (Blackcurrant).

Das Deutsche Wörterbuch der Brüder Grimm vermutete um die Mitte des 19. Jahrhunderts, der Name Federweißer leite sich von der alten Bezeichnung Federweiß für Alaun her, das man früher dem Wein als Konservierungsmittel zugab. Da solche Mittel jedoch erst in späteren Reifestadien zugesetzt werden, wird heute angenommen, dass die Hefezellen, die der Federweißer wie jeder neue Wein als Schwebstoffe enthält, ihm wegen ihrer Farbe den Namen verliehen haben.

In Österreich werden die Begriffe neuer Wein, Federweißer oder Federroter nicht verwendet. Dort heißt der teilweise vergorene Traubenmost egal welcher Farbe Sturm. Von ihm gibt es einige regionale Spezialitäten mit eigenen Bezeichnungen: In der Steiermark wird der trübrosa- bis violettfarbene Schilchersturm hergestellt. Dieser neue Wein wird aus der Rebsorte Blauer Wildbacher gewonnen, die traditionell zur Herstellung des Roséweins Schilcher verwendet wird. In Ost-österreich unterscheidet man noch den Staubigen oder Gestaubten, der das nächste Reifestadium vom Sturm hin zum Heurigen darstellt. Im südlichen Burgenland wird der Uhudler, ein aus bestimmten Rebsorten bestehender hellroter bis roséfarbener Verschnittwein, in seinem Frühstadium auch als (weißer, roter oder rosé) Uhudlersturm angeboten.

Im 19. Jahrhundert war Birkenchampagner oder Birkenwein ein beliebtes Hausrezept. Man reduziert frischen Birkensaft mit Zucker in einem Kessel,

seiht die übriggebliebene Flüssigkeit durch ein Tuch in ein Fass, fügt Hefe und Zitrone hinzu und lässt es gären. Dann wird das Fass verschlossen und nach vier Wochen ist der Birkenchampagner trinkbar.

Tiramisu wird häufig mit Amaretto zubereitet, der mit Espresso zusammen die Löffelbiskuits tränkt.

In einem Mon Chéri sind etwa 0,66 Gramm Kirschlikör. 2019 stellte Ferrero Mon Chéri Vodka vor.

Gerhard Polt bestellt im Sketch »Im Wirtshaus« als fortgeschritten betrunkener Gast ein Zwetschgenwasser und bestreitet beim Begleichen der Rechnung, jemals ein Zwetschgenwasser bestellt zu haben oder auch jemals zu bestellen.

Zwetschgenwasser ist nicht dasselbe wie Pflaumenschnaps oder Pflümli. Zwar ist jede Zwetschge auch eine Pflaume, aber nicht jede Pflaume eine Zwetschge.

Traditionell kommt Marillenschnaps hauptsächlich aus der Wachau in Österreich sowie aus dem Obstanbaugebiet um die Stadt Kecskemét in Ungarn.

Schlehenbrand gilt als besondere Spezialität und Rarität. Schlehen haben nur wenig Zucker, weswegen die Ausbeute gering ist. Aus 100 Kilogramm Maische können nur knapp 3 Liter Schlehenbrand gewonnen werden.

☞ Punsch und Glühwein ☜

Als Punsch (nach Hindi **पांच** pāñč »fünf«) wird ein alkoholisches, meist heißes Mischgetränk bezeichnet, das ursprünglich aus Indien stammt und aus fünf Zutaten besteht: traditionellerweise Arrak, Zucker, Zitronen und Tee oder Wasser mit Gewürzen.

Englische Seefahrer der britischen Ostindien-Kompanie lernten das Getränk in Indien unter der hindustanischen Bezeichnung »pantsch« kennen und nannten es »Punch«. Sie brachten das Getränk im 17. Jahrhundert mit nach Europa.

1735 verdeutschte Johann Heinrich Zedler in seinem *Großen vollständigen Universal-Lexicon Aller Wissenschafften und Künste* die englische Bezeichnung Punch zu »Puntsch«. Als Zutaten des »starcken Getränckes« gab er an: Branntwein, Wasser, Zucker, Pomeranzensaft und Muskatnüsse.

Bowle wird normalerweise kalt getrunken. Der Name Feuerzangenbowle führt also in die Irre, es handelt sich eigentlich um einen Punsch auf Rotweinbasis.

Ursprünglich wurde für die Feuerzangenbowle die sogenannte Feuerzange verwendet. Mit diesem Gerät aus dem Kaminbesteck konnten dem Herd- oder Kaminfeuer glühende Holzkohlen zum Beispiel zum Anzünden der Pfeife entnommen werden. Mit der Feuerzange wurde ein Brocken Zucker gepackt, mit Rum übergossen und angezündet.

Der Film *Die Feuerzangenbowle* mit Heinz Rühmann aus dem Jahr 1944 wird auch heute noch sehr eng mit dem Getränk in Verbindung gebracht, obwohl das Getränk nur in der Rahmenhandlung des Films auftaucht: In der Anfangsszene des Films trinkt eine Runde älterer Herren Feuerzangenbowle und sinniert über ihre Schulzeit. Nur einer, der eher reservierte Schriftsteller Dr. Johannes Pfeiffer, kann nicht mitreden, da er als Kind von einem Privatlehrer unterrichtet wurde. So wird beschlossen, dass Pfeiffer noch einmal zur Schule, diesmal auf ein »richtiges« Gymnasium, gehen soll.

Auch der »Bischof« gehört zu den Punsch-Getränken. Der Name leitet sich mit großer Wahrscheinlichkeit von der roten Farbe ab. Für die Zubereitung wird die feine grüne (bis gelbe) Schale von frischen grünen oder gelben Pomeranzen mit Zucker vermischt und mit Rotwein übergossen. Auf eine Flasche Wein wird mit zwei bis drei Pomeranzen gerechnet. Der Rotwein soll mindestens zehn bis zwölf Stunden ziehen.

Der Schriftsteller Thomas Mann erwähnt das Getränk in den Buddenbrooks: Sesemi Weichbrodt, bei der mehrfach Kinder der Buddenbrooks in Pension gegeben werden, serviert häufig und besonders zu festlichen Gelegenheiten Bischoff, »einen roten und süßen Punsch, der kalt getrunken ward«.

Bavaroise (französisch für »Bayrisches«; Bavarese in der italienischen und Bawarka in der polnischen Gastronomie) ist ein Getränk der französischen Gastronomie, das meist aus Tee, Milch und Likör zubereitet wird. Französische Auswanderer exportierten das Getränk nach Polen, wo, so berichtet Steffen Möller in seinem Buch *Expedition zu den Polen*, der Mythos existiert, alle Deutschen würden den Tee so trinken.

Grog ist ein alkoholisches Heißgetränk aus Rum, Zucker und heißem Wasser. Der Ausdruck »groggy« bezeichnete ursprünglich das Gefühl, wenn man zu viel Grog getrunken hatte, und wird heute auch häufig benutzt, um einen erschöpften Zustand zu beschreiben. Speziell in der Boxersprache wird es als Synonym für »angeschlagen« und »taumelnd« verwendet.

Ein bekannter Spruch über die Zubereitung von Grog lautet: »Rum muss, Zucker darf, Wasser kann (alles verderben).«

Eine auf den Nordfriesischen Inseln und Helgoland beheimatete Variante ist der Eiergrog. Zu seiner Herstellung wird neben Rum, Zucker und heißem Wasser Eigelb verwendet, das in der Flüssigkeit verquirlt wird.

Der Vorläufer des Glühweins ist das Conditum Paradoxum aus der Antike. Auch im Mittelalter waren kalt getrunkene Würzweine wie der Hypocras beliebt, die in den Gewürzzutaten und im Geschmack dem heutigen Glühwein vermutlich ähnlich waren. Das wohl älteste überlieferte Glühweinrezept stammt von August Josef Ludwig von Wackerbarth vom 11. Dezember 1843: Pro Kanne (knapp 1 Liter) 4 Loth

(1 Loth entspricht knapp 16 Gramm) Zimt, 2 Loth Ingwer, 1 Loth Anis, 1 Loth Granatapfel, 1 Loth Muskatnüsse, 1 Loth Kardamom sowie 1 Gran (heute rund 60 Milligramm) Safran, gesüßt mit Zucker oder Honig.

Als in Flaschen abgefülltes, fertiges Produkt gibt es Glühwein seit dem Winter 1956 zu kaufen, als Rudolf Kunzmann in einer kleinen Ein-Mann-Weinkellerei in Augsburg-Pfersee mit Zucker und Gewürzen versetzten Wein erstmals in Flaschen füllte und als Glühwein verkaufte. Da damals Zucker als Zutat noch verboten war, verhängte das Marktamt der Stadt Augsburg einen Bußgeldbescheid wegen Verstoßes gegen das Weinrecht. Dieser Bußgeldbescheid ist Beleg für den ersten in Flaschen abgefüllten Glühwein in Deutschland.

Als Russische Schokolade wird ein alkoholisches Mischgetränk aus heißem Kakao und einem Schuss Wodka oder Cognac bezeichnet, verfeinert mit Schlagsahne und mit Schokoladenstreuseln garniert. Der Legende nach wurde die Russische Schokolade von einem russischen Zaren erfunden. Diese Erzählung ist jedoch wohl als moderne Sage zu betrachten, da in Russland zur Zeit des Zarentums die Trinkschokolade noch nicht bekannt war.

Irish Coffee, in Irland selbst auch Caife Gaelach respektive Gaelic Coffee genannt, ist ein gesüßter Kaffee mit irischem Whiskey und einer Haube aus leicht geschlagener, aber noch flüssiger Sahne. Es gilt mittlerweile als belegt, dass dieses Heißgetränk Anfang der 1940er-Jahre in einem Restaurant des Flughafens Foynes – eines Vorläufers des heutigen Shannon International Airport – im Westen Irlands erfunden wurde. Restaurant-Chef Joe Sheridan soll es damals für Passagiere, die auf den Weiterflug ihrer Maschine nach Übersee warteten, angeboten haben.

Ein Pharisäer ist ein alkoholisches Heißgetränk aus gesüßtem Kaffee, braunem Rum und einer Haube aus Schlagsahne, das traditionell in einer Tasse, einem Becher oder Glas serviert wird. Von verwandten Kaffeegetränken wie Rüdesheimer Kaffee und Irish Coffee unterscheidet sich ein Pharisäer unter anderem durch die andere Spirituose: Rüdesheimer Kaffee wird mit Weinbrand, Irish Coffee mit Irish Whiskey zubereitet. Der Pharisäer ist an der Nordsee und in Österreich verbreitet.

Canelazo ist ein heißes alkoholisches Getränk, das in der Andenregion von Ecuador, Kolumbien und Peru getrunken wird. Der Name besteht aus »Canela« (Zimt) und dem Suffix »-azo«, was eine sprachliche Vergrößerungsform ist. In diesem Fall bezieht sich das -azo nicht auf

die Größe der Tasse oder des Getränks an sich, sondern eher auf den hohen Alkoholgehalt (40–70 Volumenprozent).

———————————

Carajillo ist ein spanisches alkoholisches Espresso-Mischgetränk. Sein Ursprung geht auf die spanische Kolonialgeschichte Kubas zurück. Die Soldaten der kolonialen Truppen mischten Kaffee mit Rum, um Mut zu bekommen (»coraje« auf Spanisch wurde zu »carajillo«). Heute meint man mit Carajillo üblicherweise einen Espresso mit Weinbrand. Aber auch andere Spirituosen wie Rum, Whisky oder Liköre aus Anis, zum Beispiel der Licor 43, sind durchaus für einen Carajillo üblich. Er wird überwiegend in einem kleinen feuerfesten Glas serviert.

———————————

In Punschtorten ist kein Punsch, sondern Rum.

———————————

Während die Grundlage für Punsch meist Rotwein ist, ist die Grundlage für Bowle meist Weißwein.

———————————

Die Bezeichnung »Bowle« wurde im 18. Jahrhundert dem englischen »bowl« entlehnt. Im 19. Jahrhundert wurde eine der heute beliebtesten

Bowlen, die auf Waldmeister basierende Maibowle, entwickelt. Die erste Bowle wurde wahrscheinlich viel früher serviert. In einer Schrift von 1417 wird ein Getränk erwähnt, das aus Wein, Rosenblüten, Fichtennadeln und Honig besteht und in einem Bowle-ähnlichen Gefäß serviert wurde.

Die Bowle erfreute sich vor allem während der 1950er- bis 1970er-Jahre großer Beliebtheit als Partygetränk.

☞ Rum und Cachaça ☜

Rum entstand eigentlich als Abfallprodukt des Zuckerrohranbaus irgendwo in der Karibik, der genaue Ursprungsort ist nicht mehr ganz sicher. Die erste Erwähnung fand Rum in den 1650er-Jahren.

Ende des 17. Jahrhunderts und vor allem im 18. Jahrhundert stieg der Rum-Export aus der Karibik nach Nordamerika und nach Europa sprunghaft an. Daher gehörten Rumfässer auch zur häufigen Beute von Piraten.

Flensburg war im 19. Jahrhundert die deutsche Rum-Hauptstadt mit ca. 300 Brennereien.

Rum gehörte seit den 1730er-Jahren zur offiziellen Bordverpflegung der Royal Navy. Jeder Seemann bekam pro Tag einen Viertelliter – Disziplinlosigkeit und Trunkenheit waren nicht selten die Folge. Die tägliche Rumration hieß »Tot«, übersetzt Schlückchen oder Gläschen.

Die tägliche Rumration für Seeleute der Royal Navy wurde letztmalig am 31. Juli 1970 ausgegeben. Dieser Tag ging in die Geschichte der Seefahrt als »Black Tot Day« ein.

Die Mischung aus Rum und Wasser heißt Grog – »Old Grog« war der Spitzname von Admiral Vernon, der befahl, dass der Rum an Bord mit Wasser zu mischen sei, damit die Seeleute ihren Dienst nicht volltrunken verrichteten. Zudem wurde so versucht, das meist bereits verdorbene Trinkwasser wieder genießbar zu machen.

Länger hielt sich die Rum-Tradition bei der neuseeländischen Royal Navy – bis 1990.

In Österreich-Ungarn wurde der sogenannte Inländer-Rum entwickelt. Mangels Kolonien stand Zuckerrohr nicht immer in ausreichender Menge zur Verfügung, weswegen ein Apotheker einen »Ersatz-Rum« aus Ethylalkohol, Wasser und verschiedenen Aroma- und Farbstoffen entwickelte. Mittlerweile ist Inländer-Rum eine geschützte österreichische Spezialität.

Jagertee darf nur aus Schwarztee und aus in Österreich hergestelltem Inländer-Rum bestehen. Die exklusiven Produktionsrechte für Jagertee ließ sich Österreich beim EU-Beitritt zusichern.

––––––––––

Kaffee, Würfelzucker, brauner Rum und darauf eine Sahnehaube – fertig ist der Pharisäer. Im 19. Jahrhundert duldete der besonders asketische Pastor der nordfriesischen Insel Nordstrand nämlich keinen Alkoholkonsum, weswegen die Inselbewohner dieses Getränk erfanden. Als der Pastor das entdeckte, beschimpfte er die Inselbewohner als Pharisäer.

––––––––––

Die Rumtradition in Flensburg hielt lange an – im Jahr 1981 urteilte das Amtsgericht Flensburg, dass 2 Zentiliter Rum für einen Pharisäer nicht ausreichten, da er mit so wenig Rum »fade und ausdruckslos« schmecke. Das Gericht verkostete extra verschiedene Mischungen.

––––––––––

Cachaça wird im Gegensatz zu Rum aus frisch geerntetem Zuckerrohr hergestellt.

––––––––––

Es gibt 600 verschiedene Zuckerrohrsorten, die für die Cachaça-Herstellung geeignet sind.

Das portugiesische Original ist weiblich, also die Cachaça – der Duden lässt auch die männliche Form, der Cachaça, zu.

Cachaça ist die Grundlage für eine Caipirinha.

Für Rumkugeln wird meistens nur Rumaroma verwendet.

Hansen Präsident war in den 1920er-Jahren eine Premiumrummarke aus dem Flensburger Rumhandelshaus Hansen. Anlässlich der Fertigstellung des Hindenburgdammes, der die nordfriesische Insel Sylt mit dem Festland verbindet, weihte 1927 der damalige Reichspräsident Hindenburg das nach ihm benannte Bauwerk ein. Bei diesem Besuch wurde ihm eine Flasche eines besonders gelagerten und gereiften Flensburger Hansen-Rums überreicht. Hindenburg war von dem Produkt so angetan, dass er dem Rumhaus Hansen aus Flensburg erlaubte, den Rum auf alle Zeit »Präsident« zu nennen. Der Rum wurde danach Hansen

Präsident genannt und das Etikett trug ein Porträt Hindenburgs. Das Porträt auf dem Label musste auf Drängen der Nationalsozialisten in den 1930er-Jahren entfernt werden – der Name blieb jedoch erhalten.

1935 verkaufte die Destillerie La Vizcaya erstmals Rum unter dem Namen Havana Club, begann mit dem Export in die USA und ließ dort Markenrechte eintragen. Gleichzeitig wurde an der Plaza de la Catedral im Zentrum Havannas auch die Havana Club Bar eröffnet, die ein zunehmend internationales Publikum anzog.

Die Bacardi Limited hat ihren Sitz auf den Bermudas. Gegründet wurde Bacardi jedoch auf Kuba. Die im Bacardi-Logo abgebildete Fledermaus gilt auf Kuba als ein Glückssymbol.

Nach der kubanischen Revolution wurden die Bacardi-Besitzer enteignet und produzierten auf den Bahamas weiter. 1996 förderte die Familie Bacardi durch Lobbyarbeit die Verabschiedung des Helms-Burton Act durch den US-Kongress. Der Helms-Burton Act, ein umfassendes Handelsembargo gegen Kuba, wurde sogar zeitweilig als »Bacardi-Gesetz« oder »Bacardi-Boykott« verspottet.

 Sekt und Schaumwein

Sekt ist eigentlich nur eine Weinveredelung, die Gärung dauert zwischen drei Wochen und drei Monaten.

Sektkorken sollen beim Öffnen nicht knallen, der Überdruck sollte kontrolliert entweichen, indem der Korken langsam entfernt wird.

Das beim Entkorken einer Sektflasche entstehende Geräusch wird Engelsfurz genannt.

Ursprünglich war Sekt das deutsche Wort für Sherry. Der Bedeutungswandel setzte im 19. Jahrhundert ein. Erst 1925 wurde Sekt die amtliche Bezeichnung für Schaumwein, da das Wort Champagner nicht mehr benutzt werden durfte.

Heutzutage ist Crémant die Bezeichnung für Schaumweine, die wie Champagner hergestelllt werden, aber nicht aus der Champagne kommen. Spanische Schaumweine mit Flaschengärung heißen Cava.

Der Winzersekt ist das Pendant der deutschen Winzer zum Champagner und Crémant, der mit der klassischen Flaschengärung hergestellt wird. Mit der Bezeichnung als Winzersekt betonen die Winzer, dass der Grundwein für ihren Sekt tatsächlich aus ihrem Betrieb beziehungsweise aus dem Anbaugebiet stammt und nicht – wie bei den großen Sektkellereien – überwiegend im Ausland eingekauft wird.

Deutschland gilt als der weltweit größte Schaumweinmarkt, von den rund zwei Milliarden Flaschen Sekt, die in der Welt erzeugt werden, werden etwa 423 Millionen Flaschen in Deutschland getrunken. Den größten Marktanteil dabei hat Rotkäppchen-Sekt, gefolgt von Freixenet und Söhnlein.

Schaumwein muss mindestens 9,5 Volumenprozent haben und der Kohlensäureüberdruck muss mindestens 3 bar betragen. Alles darunter ist nur Perlwein.

Die Sektsteuer oder Schaumweinsteuer wurde 1902 zur Finanzierung der kaiserlichen Kriegsflotte eingeführt, ist aber immer noch in Kraft.

Als brut (herb) werden Schaumweine bezeichnet, die kaum noch Zuckeranteil haben. Trockene Schaumweine (sec) dürfen mehr Zucker beinhalten.

Die spanischen Cavas werden unterirdisch gelagert, Bodegas sind ebenerdig.

Krimsekt gibt es bereits seit 1799, damals wurde er exklusiv für den Zarenhof in St. Petersburg hergestellt. Krimsekt muss allerdings nicht unbedingt von der Krim kommen.

Die Sektkellerei Söhnlein hatte vom Deutschen Kaiser Wilhelm I. das Privileg bekommen, dass kaiserliche Kriegsschiffe nur mit Söhnlein-Sekt getauft werden durften.

Moussierpunkt (das französische »mousse« bedeutet »Schaum«) nennt man eine winzige aufgeraute oder als Punkt hervorstehende Stelle in einem Sektglas, an dem sich das im Getränk gelöste Kohlenstoffdioxid leichter zu einer Blase entwickeln kann. Dadurch perlt Sekt – wird allerdings durch das schnelle Entweichen der Kohlensäure schneller schal.

Alkoholfreien Sekt gibt es bereits seit 1988. Mit einer speziellen Vakuumdestillation wird dem Wein bei Temperaturen von etwa 30 Grad Celsius der natürliche Alkohol schonend entzogen. Durch dieses Verfahren bleiben Inhaltsstoffe des Weins sowie sein Geschmack weitgehend enthalten.

Der Rotkäppchen-Sekt hieß bis 1894 Monopol, musste sich dann aber aus rechtlichen Gründen umbenennen. Und weil Monopol immer schon eine rote Verschlussklappe auf den Korken befestigt hatte, war der neue Name schnell gefunden: Rotkäppchen.

Der Begriff »Piccolo« wurde Mitte der 1930er-Jahre von der Sektkellerei Henkell eingedeutscht, die ihn als eingetragenes Markenzeichen für die Vermarktung ihres Produkts Henkell Trocken in Flaschen mit einem

Fassungsvermögen von 0,2 Litern verwendete. Die Flaschengröße geriet somit im Volksmund zum Synonym für eine kleine Flasche Sekt.

———————————————

Sektflaschen stehen unter höherem Druck als Autoreifen.

———————————————

👉 Tequila 👈

Der Überbegriff für Tequila ist Mezcal. Mezcal wird aus dem Fruchtfleisch der Agave gewonnen. Der bekannteste Mezcal ist der Tequila, der ausschließlich aus der Blauen Agave hergestellt wird und aus der Umgebung der Stadt Tequila kommt.

Tequila wird in verschiedene Reifegruppen klassifiziert:

- Silver Tequila wird nach der Destillation sofort in Flaschen abgefüllt.
- Gold Tequila ist eine Mischung aus Silver Tequila und reiferen Tequilasorten. Er kann mit Zucker und Eichenholzextrakten angereichert werden.
- Aged Tequila hat mindestens zwei Monate in Eichenholzfässern geruht.
- Extra-aged Tequila hat mindestens ein Jahr in Eichenholzfässern geruht.
- Ultra-aged Tequila hat mindestens drei Jahre in Eichenholzfässern geruht.

Analog zum schottischen Whisky wird auch bei Tequila zwischen Highlands und Lowlands unterschieden. Beim Highland-Tequila kommen die Blauen Agaven aus dem Hochland (Los Altos), beim Lowland-Tequila aus dem Flachland (El Valle), wobei die Höhe hier auch um die 1000 Meter betragen kann.

Und genau wie beim Wein ist auch bei Tequila das Anbaugebiet entscheidend für den Geschmack und die Qualität des Tequila. Highland-Tequila ist typischerweise süßer, während Lowland-Tequila mineralischer ist.

Eine Agave muss acht bis neun Jahre wachsen, bevor sie geerntet werden kann.

Tequila mit Salz und Zitrone beziehungsweise mit Zimt und Orange zu trinken, ist in Mexiko absolut unüblich.

Die Tequilaherstellung wird durch den Consejo Regulador del Tequila (CRT) als mexikanische Aufsichtsbehörde streng überwacht. Auf jedem

Flaschenetikett stehen die Identifizierungsnummern, die der CRT vergeben hat.

Der Ursprung des Tequila ist unklar, wahrscheinlich waren es aber die spanischen Besatzer, die zum ersten Mal das Agavenherz, also das Innere der Pflanze, destillierten.

Im 17. Jahrhundert wurde die erste Tequilasteuer erhoben.

Als Mexiko im Jahr 1821 unabhängig wurde, wuchs die Tequilaproduktion sprunghaft an, da Alkohol aus Spanien nicht mehr so einfach zu bekommen war. Während des Zweiten Weltkriegs wurde zunehmend Nordamerika beliefert, schließlich auch Europa und nun die ganze Welt.

In Mexiko hängen etwa 300 000 Arbeitsplätze direkt und indirekt an der Tequilaproduktion.

Die bekanntesten Tequilacocktails sind Margarita und der Tequila Sunrise. In Mexiko ist jedoch Paloma besonders beliebt: Silver Tequila mit Grapefruitlimonade.

Ab und zu liest man »Echter« Tequila – das ist kein Marketing-Gag, sondern bezeichnet Tequila, der nicht mit Hilfe von Hefe, sondern durch Bakterien fermentiert.

Unbestrittener Marktführer in Deutschland ist Sierra Tequila mit den charakteristischen Sombreros als Flaschenverschluss. Immer wieder tauchen Berichte auf, der Hut diene als Zitronen- oder Limettenpresse – wobei jeder, der das mal versucht, weiß, dass das eher schlecht als recht funktioniert. Wahrscheinlich ist es einfach nur gelungenes Marketing.

Internationaler Marktführer ist jedoch José Cuervo. José Cuervo wird von der Familie Beckmann geführt – der deutsche Name kommt davon, dass ein deutscher Konsul in Mexiko in die Familie Cuervo einheiratete.

Deutschland ist der drittgrößte Tequilamarkt nach Mexiko und den USA.

———————————

Agaven sind näher mit Lilien verwandt als mit Kakteen.

———————————

Eigentlich gehört in Tequila kein Wurm. Dabei handelt es sich um einen Marketing-Gag aus dem 20. Jahrhundert. Außerdem ist der Wurm kein Wurm, sondern eine Raupe.

———————————

Am 24. Juli ist Nationaler Tequilatag in den USA.

———————————

Während der Spanischen Grippe ab 1918 wurde Erkrankten empfohlen, Tequila mit Salz und Limette zu sich zu nehmen.

———————————

Aus handelsüblichem, 80-prozentigem weißen Tequila schafften mexikanische Physiker es, auf Stahl und Silikon durch Verdampfung hauchdünne Diamantlagen zu erzeugen. Anscheinend besitzen nor-

male Tequilasorten genau das passende Verhältnis aus Kohlenstoff-, Sauerstoff- und Wasserstoffatomen. Ansonsten würde sich nämlich nur eine Graphitschicht bilden.

————————————

Ein Berliner Kneipenwirt wurde im Jahr 2009 zu drei Jahren und fünf Monaten Haft verurteilt. Er hatte mit einem 16-Jährigen ein Wettsaufen veranstaltet. Der Jugendliche fiel nach mehr als 45 Tequila-Shots ins Koma, aus dem er nicht mehr erwachte.

————————————

☞ Wein ☜

Wein wurde schon etwa 4000 v. Chr. in Ägypten angebaut und getrunken.

In der Antike entwickelte sich eine umfangreiche Weinkultur. Wein wurde – mit Wasser vermischt – Alltagsgetränk. Dennoch galt Trunkenheit als verpönt, war bei Orgien aber Pflicht.

Es gab in den antiken Kulturen Götter des Weins – aber keine Biergötter.

Ursprünglich stammt der Wein aus Persien: Rund 2500 v. Chr. lebte in Schiraz König Dschamschid, der Trauben in seinem Keller lagerte. Zum Glück vergoren diese – und als die Königin davon trank, hatte sie keine Kopfschmerzen mehr. Voilà, der Wein war erfunden.

In der Bibel spielt Wein eine große Rolle:

- Noah (der mit der Arche) pflanzte als Erster einen Weinstock und gilt daher in der Bibel als erster Winzer. Die Trunkenheit Noahs ist ein beliebtes Motiv in der Kunst.
- Im 2. Buch Mose bringt Melchisedek Abraham Wein als Gastgeschenk mit.
- König Salomo schenkt den Arbeitern, die den Tempel in Jerusalem bauen, 20 000 Eimer Wein.
- David bringt König Saul Wein als Geschenk mit.
- Jesus verwandelt bei der Hochzeit von Kana 600 Liter Wasser in Wein.
- Der barmherzige Samariter verwendet Wein als Medizin.
- Jesus vergleicht sich selbst mit dem Weinstock, Gott mit dem Weinbauer und die Jünger mit den Reben.

_____

Es waren die Etrusker, die die Technik der Weinherstellung rund 400 Jahre v. Chr. nach Frankreich brachten.

_____

Wein war in der Medizingeschichte eines der ersten Schmerzmittel.

_____

Den ältesten noch trinkbaren Wein trank Jaques Cousteau. Der Meeresforscher fand ihn in einem griechischen Handelsschiff, das 200 v. Chr. gesunken war.

Weinsuppe soll es schon zu Zeiten der Römer gegeben haben. Weinsuppen wurden früher als kräftigende Speise für Kranke und besonders für Wöchnerinnen zubereitet, das wurde auch empfohlen in der deutschen Handschrift »Tegernseer Kochbüchlein« aus dem 15. Jahrhundert.

Glossar Weinsprache

Durch die lange Weinkultur hat sich eine umfangreiche Weinsprache entwickelt.

- abbeeren: das Ablösen der Traubenstiele von den Beeren
- abfallen: Der Geschmack ist auf den vorderen Gaumen beschränkt, setzt sich hinten nicht fort.
- Abgang: das Verspüren der Geschmacksstoffe nach dem Hinunterschlucken, wobei ein langer Abgang positiv bewertet wird und für die Qualität des Weins spricht. Der Geschmack im Gaumen (ab dem Schlucken) wird in Caudalies (Abgang in Sekunden) gemessen, ein Abgang von 20 Caudalies wird als gut eingestuft.
- achat en primeur: französisch für »Frischeinkauf«. Der Händler kauft den Wein bereits kurz nach der Lese, wenn er noch gar keine Trinkreife erlangt hat.
- Acidität: Säuregehalt. Säure gibt dem Wein Frische. Wenn der Säuregehalt jedoch zu hoch ist, gibt sie dem Wein einen »grünen« und »beißenden« Charakter. Bei einem zu geringen Gehalt an Säure wird der Wein fade.
- adstringierend: unangenehm herbe, raue, pelzige Geschmackseigenschaft, die besonders bei jungen, sehr tanninhaltigen Rotweinen auftritt und ein Gefühl verursacht, als wenn sich der Mund zusammenzieht
- aggressiv: ein Wein mit übermäßig viel schneidender Säure oder bitteren Tannine, der durch seine Kraft die Schleimhäute reizt

- Alterung: Lagerfähige Qualitätsweine reifen im Fass oder in der Flasche. Dabei verändert der Wein seine Qualität, indem er störende Eigenschaften mildert. Mit der Zeit entfaltet Wein seinen geschmacklichen und aromatischen Charakter. Moderne Weine sind zum Konsum innerhalb von zwei Jahren bestimmt.
- Amarone: italienische Weinspezialität mit hohem Geschmacks- und Alkoholgehalt; wird aus teilgetrockneten Trauben gekeltert
- Ampelographie: Lehre von der Bestimmung und Beschreibung von Rebsorten und deren wissenschaftliche Klassifizierung
- A.O.C.: Abkürzung für Appellation d'Origine Contrôlée = »kontrollierte Herkunftsbezeichnung«; garantiert die Herkunft und Herstellungsweise von landwirtschaftlichen Produkten. Bedeutende französische Weine stammen immer aus einem A.O.C.-Anbaubereich.
- Aroma: soll eigentlich im Fachjargon bei der Verkostung die Geruchsempfindungen ausdrücken, die im Mund wahrgenommen werden. Häufig wird aber auch der Duft des Weins mit Aroma bezeichnet. Es werden primäre (durch die Trauben), sekundäre (bei Gärung und Fasslagerung entstehend) und tertiäre Aromen (bei weiterer Flaschenlagerung entstehend) unterschieden.
- aromatisch: Wein mit ausgeprägtem, angenehmem Geruch (und Geschmack) durch einen hohen Gehalt an flüchtigen Aromastoffen; zum Beispiel würzig beim Gewürztraminer, rauchig/wie Toast bei Barriquefass-Ausbau, beerenartig-fruchtig bei Cabernet Sauvignon
- Assemblage: hochwertiges und wohldosiertes Mischen verschiedener Weine oder Moste gleichen Ursprungs, um eine einheitliche Cuvée zu erhalten oder den Geschmack weiter zu verbessern; nicht mit Coupage = verschneiden zu verwechseln

- Auffüllen: Der durch Verdunstung bedingte Schwund im Fass wird mit Wein wieder aufgefüllt, damit das Fass so voll ist, dass der Wein nicht mit Luft in Berührung kommt.
- aufspriten oder Aufsprprung: das Beimengen von Weinbrand oder anderen Alkoholen in den Most, um die Gärung zu stoppen. In Deutschland ist dieses Verfahren verboten.
- Auge: die Blatt- oder Blütenknospe beim Weinstock.
- Ausbau: alle Arbeiten des Winzers bzw. Kellermeisters im Weinkeller von der Gärung des Weins bis zu dessen Abfüllung in Flaschen
- Ausgewogenheit: das ausgeglichene, harmonische Verhältnis zwischen Säure und Süße
- Auslese: in Deutschland und Österreich eine Prädikatsweinstufe. Der ausgebaute Wein kann sowohl lieblich als auch trocken sein. Er wird durch Auslese der Trauben erzielt, die einen hohen Gehalt an Zucker haben.
- Aussehen: bezeichnet das äußere Erscheinungsbild und die Farbe des Weins. Man sagt auch »Kleid« dazu.

- balsamisch: Düfte von Benzoe, Harz, Vanille und Weihrauch
- Barrique: Fassgröße in Bordeaux in der klassischen Form mit einem Inhalt von 225 Litern. Vier Barriques ergaben die Maßeinheit Tonneau. Moderne Fässer dürfen bis zu 350 Liter aufweisen.
- Barrique-Ausbau: Weinausbau in zum Teil besonders behandelten Eichenholzfässern, die dem Wein weitere Aromen hinzufügen.
- Beerenauslese: Prädikat für einen süßen, sehr lagerfähigen Wein. Er wird nur aus einzeln selektierten, überreifen oder edelfaulen Beeren hergestellt.

- Bernsteinfarbe: Infolge einer langen Lagerung nehmen Weißweine oftmals eine bernsteinartige Farbe an. Das kann auch passieren, wenn der Wein vorzeitig oxidiert.
- Biss: Wein mit Biss erweckt den Eindruck, als ob man ihn beißen könnte. Ausdruck für einen tannin- und säurereichen, dabei aber auch körperreichen und ausgewogenen Wein.
- bitter: Bitterer Geschmack kommt bei manchen tanninreichen, jungen Weinen oft vor. Es kann aber auch ein Weinfehler sein, der von einer bakteriellen Krankheit hervorgerufen wird.
- Blanc de Blancs: nur aus weißen Trauben hergestellter, weißgekelterter Wein
- Blanc de Noirs: aus roten Trauben weißgekelterter Wein
- Blaulauge: Indikator zur Säurebestimmung in Weinen
- Blume: bei Weinen häufig verwendetes Synonym für Bukett
- blumig: hoher Gehalt an Duftstoffen
- Bratengeruch: entsteht durch die Edelfäule bei den Süßweinen. Das Aroma und der Geschmack erinnern an Eingemachtes.
- Bruch: durch Oxidation hervorgerufene Trübung des Weins
- brut: herbe, aber nicht saure Weine, Champagner und Schaumweine mit sehr geringem Zuckergehalt
- Bukett: Summe aller Duft- und Geschmacksstoffe
- bukettreich: besonders hoher Gehalt an Duftstoffen

- Caudalie: Maßeinheit für die Dauer des Verweilens der Aromastoffe des Weins im Mund
- Cave: Weinkeller
- Caveau: Gewölbe, Weinprobierkeller
- Cellier: Weinkellerei

- Cep: Rebstock oder Weinstock
- Cépage: Rebsorte
- Chai: Weinlager. In Gegenden, wo keine Weinkeller gegraben werden können, muss der Wein in ebenerdigen Gebäuden gelagert werden.
- chambrieren: den Wein auf »Zimmertemperatur« bringen
- Chaptalisation: Methode der Trockenzuckerung von Wein zur Erzielung eines höheren Alkoholgehalts durch Zugabe von Zucker zum Traubensaft oder Most.
- Château: französisch für »Schloss«. Der Begriff wird aber auch für ein Weingut verwendet, auch dann, wenn es sich um einen kleinen Betrieb in bescheidenen Räumlichkeiten handelt.
- Clavelin: Weinflasche mit 0,6 Litern Inhalt und besonderer Form; ist den Weinen aus dem Jura vorbehalten
- Climat: Einzellage
- Clos: Bezeichnung für einen Weinberg, der von einer Mauer umschlossen ist
- Côte: die Hügel oder Hänge in Frankreich
- Coupage: Verschnitt; das Verschneiden verschiedener Weine; bedeutet keine generelle Qualitätsminderung, im Französischen jedoch Begriff für den eher geringerwertigen Mischvorgang
- Courgée: Die fruchttragende Ranke wird bogenförmig an das Spalier angebunden.
- Crémant: Schaumwein oder Sekt in Frankreich mit weniger Kohlensäuredruck und deshalb leichterem Schaum
- Cru: Weingebiet
- Cuvage: das Fasslager im Keller
- Cuve: Bottich, Fass, Gärtank, Gärbottich

- Cuvée: Mischungsergebnis verschiedener Weine oder Moste gleicher oder auch verschiedener Traubensorten von stets gleichem Ursprung; bei der Champagnerherstellung Begriff für den milden Most des ersten Pressvorgangs.

- degorgieren: Entfernen des Hefebodensatzes beim Sekt oder Champagner, der sich während der zweiten Gärung abgesetzt hat. Durch die besondere Lagerung der Flaschen (fast auf dem Kopf) und durch das »Rütteln« setzt sich die Hefe im Flaschenhals ab.

- Dekanter: bauchige Karaffe, die dem Wein eine sehr große Oberfläche bietet. Durch den Kontakt mit der Luft entfalten ältere Rotweine leichter ihr ganzes Aromaspektrum. Auch: ein besonders geformter Trichter mit einem Sieb. Durch ihn wird der Wein aus der Flasche vorsichtig in die Karaffe umgegossen, um ihn vom Depot zu trennen. Technisch: Horizontalzentrifuge zur Entsaftung von Traubenmaische.

- Demi-sec: bei Schaumweinen die Bezeichnung für eine halbtrockene Geschmacksrichtung; entspricht einem Gehalt von 35 und 50 Gramm g Zucker pro Liter.

- Depot: Vorwiegend bei Rotweinen, seltener bei Weißweinen, lagern sich durch die Alterung in der Flasche feste Bestandteile ab, die vor dem Trinken entfernt werden müssen.

- dick: wird ein Wein genannt, der sehr farbintensiv ist und einen Eindruck von Dichte und Schwere vermittelt

- D.O.: Abkürzung für Denominación de Orígén ist eine Ursprungsbezeichnung für spanischen Wein.

- D.O.C.: Abkürzung für Denominazione di Origine Controllata ist eine Ursprungsbezeichnung für italienischen Wein.

- D.O.Ca.: Abkürzung für Denominación de Orígén Calificada ist die höchste Qualifizierung für spanischen Wein. Nur zugelassen für Rioja und Priorat.
- D.O.C.G.: Abkürzung für Denominazione di Origine Controllata e Garantita ist die höchste italienische Klassifizierung für Wein.
- Dosage: Nach dem Degorgieren des Schaumweins oder Champagners wird die Flasche mit sogenanntem Tirage-Likör aufgefüllt. Dabei handelt es sich um eine Mischung aus Zucker und Wein, die den Süßegrad des Produkts festlegt.
- duftig: mit feinem Bukett
- dünn: wässrig

- edelsüß: Weine, die aus eingetrockneten Beeren mit sehr hohem Fruchtzuckergehalt gekeltert sind. Die Trocknung erfolgt teilweise bereits am Rebstock oder aber durch Lagerung auf Strohmatten.
- Eiswein: Die zu kelternden Trauben werden nachts bei Frost von mindestens minus 7 Grad Celsius geerntet und sofort verarbeitet. Der Wasseranteil gefriert dadurch.
- Erzeugerabfüllung: Der Erzeuger der Trauben keltert den Wein und füllt ihn auch selbst in Flaschen.
- Erziehungssystem: ein Stockgerüst aus altem Holz
- Essigstich: Weinkrankheit, die durch Mikroorganismen hervorgerufen wird; bewirkt einen sauren Wein
- Extrakt: Summe der nichtflüchtigen Inhaltsstoffe. Der zuckerfreie Extrakt wiegt in der Regel 18 bis 30 Gramm pro Liter, bei Auslesen und Süßweinen sogar bis zu 100 Gramm pro Liter. Extrakt und Körper sind nicht dasselbe. Die Höhe des Extraktgehaltes hängt ab von der Traubensorte, vom Ertrag pro Hektar, aber auch vom Klima, der Nie-

derschlagsmenge und der Bodenart. Rotwein hat dank größerem Phenolgehalt normalerweise mehr Extrakt als Weißwein.

- Federspiel: Wein aus der Wachau. Die Qualität ist mit dem deutschen Kabinett vergleichbar.
- Fehler: Veränderungen des Weins, die nicht auf biologische Ursachen (wie eine Verunreinigung durch Bakterien oder Ähnlichem) zurückzuführen sind, sondern auf den Kontakt mit Licht, hohen Temperaturen, Sauerstoff oder Materialien, die Düfte abgegeben haben (zum Beispiel Korken)
- feurig: alkoholreicher Wein, der nicht müde macht und (bei moderatem Genuss) nicht so rasch berauscht. Er wird auch wärmend genannt.
- Fillette: Flasche mit 0,35 Litern Fassungsvermögen
- Filterschock: durch Filtration hervorgerufene Geschmackseinbußen des Weins. Bei einigen Filterungsverfahren kommt der zu klärende Wein mehr oder weniger stark mit Luftsauerstoff in Berührung, was Geschmacksstoffe oxidieren lassen kann und was somit zu einem »stumpfen«, weniger komplexen Geschmacksbild führen kann. Freie schweflige Säure im Wein kann dies jedoch mit zunehmender Lagerung wieder rückgängig machen.
- Filtration: mechanische Klärung des Weins, bei der Trubstoffe entfernt werden
- Finesse: Qualitätsbegriff für einen eleganten, fein strukturierten Wein
- Fleisch: Gefühl von Fülle und Dichte, die ein Wein im Mund hinterlässt
- Foudre: sehr großes Fass mit 2000 bis 3000 Litern Inhalt. Das deutsche Fuder fasst 1000 Liter.
- frisch: Wein, dessen Geschmack mittels fruchtiger Aromen, Fruchtsäuren oder gelöstem Kohlendioxid ein anregendes Gefühl vermittelt

- fruchtig: Duft und Geschmack wie frisches Obst
- fuchsig: Geruch, der bestimmten Weinen aus Hybridsorten anhaftet

- Gärung: durch die Wirkung der Hefe entstehender Prozess, der den Zucker des Traubensaftes oder Mostes zu Alkohol umwandelt. Ein Teil Zucker wird in zwei Teile Ethanol, zwei Teile Kohlendioxid und Wärme zerlegt.
- Gärzeit: bestimmt die Intensität der Farbe und den Tanningehalt bei den Rotweinen
- gefällig: Ausdruck für fruchtigen, frischen Wein
- gerbstoffhaltig: Ein umfangreicher Tanningehalt lässt das Gefühl einer leichten bis mittleren Adstringenz aufkommen.
- Geruch: Der Geruch eines Weins hängt von vielen Faktoren ab und kann große Unterschiede zeigen. Mit der Nase nimmt man die unterschiedlichsten Düfte, zum Beispiel Blumen oder Früchte, Holz oder Lakritz, Wildbret oder Geräuchertes auf. Manche meinen, den Geruch abgefahrener Autoreifen zu erkennen.
- Geschmack: die Summe aller Merkmale, die bei der Verkostung im Mund wahrgenommen werden
- geschmeidig: Wein, bei dem die Milde gegenüber der Adstringenz dominiert
- glanzhell: Hat der Wein eine Filtration durchlaufen, in der alle Organismen abgeschieden wurden (Feinfiltration), ist er glanzhell. Der Name kommt von dem goldenen oder rubinfarbenen Glanz, den ein solcher Wein zeigt. Die Vorstufe von glanzhell ist kellerhell.
- glatt: Bezeichnung für einen geschmacklich zwar fehlerfreien, aber mit wenig individuellen Geschmacksnoten ausgestatteten Wein

- Glycerin: mehrwertiger Alkohol, leicht süßlich, entsteht bei der Vergärung des Mostes und bewirkt die Öligkeit des Weins
- Gobelet: eine Art des Rebenschnitts
- Gran Reserva: Qualitätsbezeichnung für Weine aus Spanien. Sie müssen mindestens fünf Jahre alt sein und davon zwei Jahre im Holzfass gelagert worden sein.
- Grand Cru: Weinklassifizierung in Frankreich; bedeutet »großes Gewächs«
- grasig: Geschmacksnote von Wein, der aus unzureichend ausgereiftem Lesegut hergestellt wurde und somit vermehrt Verbindungen wie Äpfelsäure und unreife Tannine enthält
- Graves: Boden mit hoher Durchlässigkeit, der für den Anbau hochklassiger Weine bestens geeignet ist
- grüner Wein: Saurer, noch unreifer Wein. In anderen Ländern wird auch »junger Wein« so bezeichnet.
- Grünlese: Ertragsreduktion, bei der schwach oder schlecht ausgebildete Reben vor der Läuterung, also während sie noch »grün« sind, vom Rebstock entfernt werden. Dies kann bei den verbleibenden ausreifenden Reben vor allem zu einem verbesserten Extraktgehalt, aber auch zu einem höheren Mostgewicht und einem geringeren Gesamtsäuregehalt führen.

- harmonisch: gut abgestimmtes Verhältnis der Inhaltsstoffe, insbesondere von Süße zu Säure/Bitterkeit und von Tanninen zu Alkohol/ Glycerin
- hart: zu gerbstofffrei
- Herbheit: Durch einen hohen Gerbstoffgehalt des Weins wird eine raue Geschmacksempfindung hervorgerufen.

- Hochkultur: ein besonderer Rebschnitt, der den Weinstock in die Höhe wachsen lässt

- I.G.T.: Abkürzung für Indicazione Geografica Tipica. In Italien wurde diese Bezeichnung 1995 für Landweine aus bestimmten Anbaugebieten eingeführt. Die Qualität liegt zwischen einfachen Tafelweinen und D.O.C.-Weinen.
- Impériale: Flasche mit achtfachem Inhalt, also 6 Liter
- I.N.A.O.: Abkürzung für Institut national de l'origine et de la qualité; in Frankreich das nationale Institut, das die Einhaltung der Erzeugungsbedingungen für A.O.C.-Weine überwacht
- I.T.V.: Abkürzung für Institut Technique de la Vigne et du Vin; in Frankreich eine Organisation, die sich mit der Technik der Weinbereitung, der Weinforschung und der Versuchszucht von Traubensorten befasst.

- Jahrgang: das Jahr der Ernte des Weins. Es sollte bei hochklassigen Weinen auf dem Hauptetikett angegeben sein. Häufig wird es aber auch auf einem kleineren Halsetikett oder dem Rückenetikett angegeben.
- Jeroboam: Bezeichnung für eine Flasche mit 3 Litern Inhalt, also der Kapazität von vier normalen Flaschen
- jung: nennt man einen Wein, der seinen Höhepunkt schon ein Jahr nach der Ernte erreicht hat

- Kahm: Schaler Geschmack und ein weißlicher Schleier sind die Symptome dieser Weinkrankheit, die von Kahmhefen verursacht wird.

- kellerhell: So wird ein Wein bezeichnet, der von der Hefe durch Abstich getrennt wurde und eine erste grobe Filtration durchlaufen hat. Die Trübung eines kellerhellen Weins ist nur in hellem Durchlicht zu erkennen, es fehlt noch der Glanz. Hat der Wein zusätzlich eine Feinfiltration durchlaufen, in der alle Organismen abgeschieden wurden, ist er glanzhell.

- Keltern: Die Weintrauben werden zum Platzen gebracht, damit der Saft auslaufen kann. Dies geschieht in der Regel in einer Presse, kann aber auch durch das Eigengewicht der Beeren eingeleitet werden.

- Kirchenfenster: Der im Glas geschwenkte Wein hinterlässt Schlieren auf der Glasinnenseite, hervorgerufen durch hohen Glycerin-, Restzucker- und sonstigen Extraktgehalt. Dieser Effekt wird auch Träne genannt. Alkoholreiche Weine erzeugen stärkere Tränen und spitzbogige (gotische) Kirchenfenster; alkoholarme Weine erzeugen schwächere Tränen und rundbogige (romanische) Kirchenfenster.

- Klarett (auch Clarett): früher die Bezeichnung für einen durch Gewürze und mit Zucker vermengten Wein. Bis 1995 bezeichnete Klarett in Österreich auch einen Rosé.

- Klärung: eine Sammelbezeichnung für die Entfernung unerwünschter Inhaltsstoffe während des Ausbaus, die den Geschmack und die Klarheit des Weins beeinträchtigen können. So werden etwa Eisentrübungen und Eiweißtrübungen durch verschiedene Fällungsmethoden entfernt.

- Kleid: das äußere Erscheinungsbild und die Farbe des Weins

- klein: Schmeckt ein Wein »klein«, dann hat er wenig geschmacksbildendes Aroma. Dies kann einerseits verursacht sein durch minder-

wertige Trauben oder einen schlechten Reifegrad, sowie andererseits etwa durch Überschwefeln oder Weinfehler und Weinkrankheiten.

- Klon: ungeschlechtliche Fortpflanzung durch Vermehrung, beispielsweise mit Stecklingen oder durch Veredelung
- komplex: wird ein höherwertiger Wein genannt, der viele verschiedene Duftkomponenten zeigt; oft als Ergebnis schwachen Sauerstoffzutritts während des Ausbaus
- Körper: die geschmackliche Dichte und Beschaffenheit eines Weins; wird durch Alkohol-, Zucker- und Extraktgehalt geprägt.
- krautig: bezeichnet (etwas abfällig) einen Wein, dessen Aroma an verschiedene Kräuter erinnert
- kurz: ohne längere Geschmacksempfindungen, kein Abgang

- Lage: Standort des Weinbergs
- Lagerfähigkeit: Zeitraum, über den besonders Rotweine in der Flasche gelagert werden können und ggf. auch sollten, um ihren optimalen Geschmack zu erzielen
- lang: Bezeichnung für einen Wein, der einen lang anhaltenden guten Geschmackseindruck beim Abgang im Mund hinterlässt
- lebendig: nennt man einen leichten, frischen Wein, bei dem die Säure leicht, aber angenehm, dominiert
- leicht: wird ein ausgewogener, angenehmer Wein mit einfachem Körper und eher blasser Farbe genannt; sollte bald getrunken werden.
- Lese: Kurzform für die Traubenlese, auch Weinlese; bezeichnet im Weinbau die Ernte der Weintrauben
- lieblich: landläufige Bezeichnung für einen Wein, der weniger säurebetont, sondern eher leicht süßlich schmeckt

- Liquoreux: zuckerreicher Weißwein, der seinen etwas eigentümlichen Geschmack dadurch erhalten hat, dass sich auf den Trauben die Edelfäule gebildet hat

- madeirös: durch die Alterung des Weins angenommene Bernstein-farbe, dazu ein leichter Madeira-Geschmack
- Magnum: Flasche mit doppeltem Inhalt, also 1,5 Liter
- Methusalem: Flasche mit 6 Litern Fassungsvermögen
- Millésime: der Jahrgang
- mise en bouteilles: Flaschenabfüllung
- Most: Saft, der in den Trauben enthalten ist; auch Bezeichnung für den Presssaft vor Beginn der Gärung
- Mostgewicht: ein Maß für den Anteil gelöster Stoffe im Traubenmost (Traubensaft); wird mit der Mostwaage gemessen und in Grad Öchsle angegeben
- Mousseux: das Prickeln der Schaumweine, die in den Qualitätsbe-reich V.Q.P.R.D. gehören
- müde: Wein, dem Geschmack und Duft oder auch Frische fehlt, auch zum Beispiel nach einem Transport oder größeren Tempera-turschwankungen. Er benötigt Zeit und Ruhe, um sein gewohntes Gleichgewicht wieder zu erlangen.

- Nachhaltigkeit: die lange Wahrnehmung der Eigenschaften eines Weins, wie Aroma und Geschmack, nach dem Schlucken oder Spu-cken
- Nebukadnezar: Bezeichnung für eine Flasche mit zwanzigfachem Inhalt von Normalflaschen, also 15 Litern

- nervig: ist ein Wein, wenn er mit einem angemessenen Säuregehalt und seinen anderen guten Eigenschaften den Mund reizt

- Oechsle: Maßeinheit für das Mostgewicht vom Wein. Sie ist vor allem in Deutschland, der Schweiz und Luxemburg gebräuchlich.
- ölig: ein Wein, der sich »anschmiegsam«, »weich« und »fettig« gibt
- opak: ein tiefroter, wenig Licht durchlassender Wein

- petrolig: Aromakomponente, die an Kohlenwasserstoffverbindungen wie Teer oder Petroleum erinnert; entwickelt sich vor allem bei manchen älteren Weißweinen
- Pichet: Krug zum Ausschank von Fassweinen von 0,25 bis 1 Liter; beim Apfelwein in Hessen Bembel genannt
- Prädikatswein: In Deutschland und Österreich ist das die Klassifizierung für natursüße, also nicht angereicherte Weine.
- Primeur: der junge bzw. der erste Wein des Erntejahres

- Q. b. A.: in Deutschland die Abkürzung für Qualitätswein bestimmter Anbaugebiete; darf zur Erhöhung des Alkoholgehalts mit Zucker angereichert werden, ist besser als Land- oder Tafelwein

- Raisin: Weintraube, Weinbeere, nicht die Rosine (!)
- Räuchergeruch bzw. -geschmack: Geruch bzw. Geschmack, der an geräucherte oder geröstete Lebensmittel erinnert; kommt vom Ausbrennen der Fässer
- rauh: adstringierender Wein, der in der Mundhöhle und im Rachen kratzt oder eine pelzige Wahrnehmung auslöst

- Rebschnitt: der jährliche Rückschnitt des einjährigen Holzes und Korrekturen des alten Holzes

- Salmanazar: Bezeichnung für eine Flasche mit zwölffachem Inhalt von Normalflaschen, also 9 Litern
- sauber: Bezeichnung für einen fehlerfreien Wein mit gut ausgeprägten Merkmalen
- sauer: stark »saurer« Geschmack, durch einen Essigstich hervorgerufene Weinkrankheit
- Säure: Eine gut dosierte Säure trägt zur Ausgewogenheit des Weins bei. Sie gibt ihm Frische und Biss. Bei zu niedrigem Säuregehalt schmeckt der Wein fade. Ist er zu hoch, hat der Wein einen Fehler. An Säuren kommen vor allem Wein-, Apfel-, Zitronen-, Essig- und Bernsteinsäure vor.
- schal: Durch zu große Einwirkung von Luftsauerstoff ist der Wein oxidiert und hat dadurch sein gesamtes Bukett verloren.
- scharf: schwerer Weinfehler. Der Wein ist sehr herb, weil er zu viel Säure und Gerbstoffe in sich vereinigt.
- Schwefelung: Durch Zufügung von Sulfiten beim Most oder beim Wein werden diese vor Krankheiten geschützt.
- schwer: sehr voluminöser Wein mit meist starkem Alkoholgehalt
- Sec: trocken
- Spalier: Rankhilfe für Weinstöcke oder Obst
- Stickel: ein Pfosten aus Holz
- Struktur: meint den Alkohol-, Säure- und Tanningehalt

- Tannine: Gerbstoffe. Sie tragen zur Struktur bei und dürfen im Gesamtgeschmackseindruck des Weins in der Regel nicht fehlen. Tan-

nine stammen aus den festen Bestandteilen der Rotweintraube, aber bei Holzfasslagerung auch aus dem Holz. Die Vorstellung, Tannine trügen zur Haltbarkeit des Weins bei, gilt heute als überholt.

- Tassée: kleines Metallschälchen mit einem Griff, das zum Probieren des Weins benutzt wird; wird mancherorts auch Tastevin genannt
- Textur: Beschaffenheit und Zusammensetzung des Weins im Mund
- tief: körperreicher Wein von hoher Komplexität
- toastig: Duft und Geschmack nach Toast, entwickelt sich beim Ausbau im Eichenfass
- trocken: durchgegoren oder mit geringem Restzucker. Weine aus französischer, spanischer oder italienischer Erzeugung dürfen maximal 2 Gramm Restsüße haben. Für deutsche Weine sind maximal 9 Gramm (in Franken aber nur 4,5 Gramm) erlaubt.

- V.D.Q.S.: Abkürzung für Vin Délimité de Qualité Supérieure, also Weine höherer Qualität aus begrenztem Anbaugebiet; französische Qualitätsbezeichnung für Weine
- verschneiden: Mischung verschiedener Weine, in Deutschland meist bei billigen Weinen; bei guten Weinen zur weiteren Qualitätssteigerung vorgenommen; auch Coupage genannt
- vieille vigne: alte Weinstöcke. Sie versprechen hohe Qualität, weil alte Weinstöcke sehr konzentrierten Wein ergeben. Wird als Bezeichnung auf den Etiketten verwendet.
- Vigneron: Winzer, Weinbauer, Weinhauer
- vollmundig: angenehmer, weicher Wein, der die Kehle gut hinunterrinnt

- V.Q.P.R.D.: Abkürzung für Vin de qualité produit dans une région déterminée; Qualitätswein aus besonderen Anbaugebieten. Der Begriff fasst in Frankreich alle A.O.C.- und V.D.Q.S.-Weine zusammen.

- warm: extrakt- und alkoholreicher Wein mit gewisser Süße, der durch seinen Alkoholgehalt das Gefühl innerer Wärme vermittelt
- weiblich: Weine, die eine besondere Leichtigkeit und Zartheit offenbaren
- weich: geschmeidiger, angenehmer Wein mit zurückhaltendem Tannin beziehungsweise Säure
- Weinstein: Ansammlung von Weinsteinkristallen in Flaschen oder Fässern
- würzig: Wein mit ausgeprägten Gewürzaromen wie Zimt, Nelken oder Pfeffer

Die Önologie ist die Wissenschaft vom Wein. Das Wort kommt vom griechischen König Oinos, der zuerst Weinreben gepflanzt haben soll.

Ein klassischer fiktiver juristischer Lehrbuchfall ist die Trierer Weinversteigerung. Person A besucht eine Weinversteigerung in Trier, sieht Person B und winkt ihr zu. Der Auktionator vergibt den Zuschlag und verlangt von A die Zahlung. Juristisch ist der Vertrag wirksam, kann von A aber angefochten werden – A muss jedoch Schadensersatz leisten, etwa wenn niemand sonst den Wein ersteigert.

Das größte Weinfest der Welt ist mit über 600 000 Besuchern der Dürkheimer Wurstmarkt im rheinland-pfälzischen Bad Dürkheim.

Das Dürkheimer Riesenfass ist eine Sehenswürdigkeit in Bad Dürkheim. Das Fass besitzt bei einem Durchmesser von 13,5 Metern ein Volumen von etwa 1 700 000 Litern (entsprechend 1700 Kubikmetern) und ist damit das größte Fass der Welt.

Als französisches Paradox bezeichnet man die Erkenntnis, dass Franzosen trotz alkohol- und fetthaltiger Ernährung länger leben als die Menschen in Deutschland und den USA. Unter Medizinern ist umstritten, ob das französische Paradox überhaupt existiert.

―――――――――

Weinflaschen, die mit Korken verschlossen sind, öffnet man für gewöhnlich mit Korkenziehern. Es gibt aber auch Portweinzangen. Die Zange wird über einem Feuer erhitzt und für 20 bis 30 Sekunden um den Flaschenhals gepresst. Dann wird die Druckstelle schnell mit einem feuchten Tuch oder mit Eiswasser abgekühlt. Durch Thermoschock bricht das Glas mit einer glatten, wohldefinierten Bruchstelle.

―――――――――

Wein wird immer gegen den Uhrzeigersinn geschwenkt.

―――――――――

Als Banause outet sich, wer das Weinglas am Kelch hält oder am Fuß. Vor allem in Filmen sieht man jedoch oft, dass Weingläser am Korpus gehalten werden, was auf der Leinwand weniger versnobt und plastischer wirkt als das Halten am Stiel.

―――――――――

Auf der ganzen Welt gibt es ungefähr 16 000 Rebsorten.

———————————————

Von den 16 000 Rebsorten werden über 100 in Deutschland angebaut. Davon nehmen Riesling (22,4 Prozent), Müller-Thurgau (12,8 Prozent) und der Blaue Spätburgunder (11,5 Prozent) die größten Anbauflächen ein.

———————————————

Rheinhessen ist mit 26 516 Hektar das größte Weinanbaugebiet Deutschlands.

———————————————

Auf 64,2 Prozent der Rebflächen werden in Deutschland weiße Trauben angebaut, 35,8 Prozent entfallen auf rote.

———————————————

Deutschlands ältestes Weingut ist 800 Jahre alt: Schloss Vollrads in Oestrich-Winkel.

———————————————

Die optimale Trinktemperatur liegt

- für kräftigen, hochwertigen Rotwein bei 16 bis 18 Grad,
- für leichten Rotwein bei 14 bis 16 Grad,
- für trockenen, leichten Weißwein bei 8 bis 10 Grad und
- für würzigen, halbtrockenen Weißwein bei 9 bis 12 Grad.

Aus 1 Kilo Trauben können bis zu 0,7 Liter Wein extrahiert werden.

Pro Jahr sterben mehr Menschen durch Sektkorken (Geschwindigkeiten von bis zu 40 Stundenkilometern sind möglich) als durch Spinnenbisse.

Die moldawische Staatsdomäne Milestii Mici gilt mit rund 1,5 Millionen Flaschen als größte Raritätensammlung der Welt. Experten benötigten fast ein Jahr, um den gesamten Inhalt festzustellen. Inoffizieller Champion ist aber die Stadt Cricova, ebenfalls in Moldawien. In einem unterirdischen Stollensystem von bis zu 85 Metern Tiefe und 60 Kilometern Länge lagern angeblich bis zu 2 Millionen Flaschen Wein, darunter die letzte Flasche eines süßen Rotweins aus Jerusalemer Trauben des Jahrgangs 1902.

Die steilsten Weinberge der Welt liegen in Deutschland. Der Calmont zwischen den beiden Weinbauorten Bremm und Ediger-Eller in der Region Mosel ist mit einer Hangneigung von bis zu über 60 Grad – andere Quellen sprechen sogar von knapp 70 Grad – der steilste und bekannteste Weinberg. Der schnellste Weg hinauf ist die Fahrt mit der Monorack-Bahn, einer eigentlich für Düngung oder Ernte vorgesehenen Zahnradbahn, deren Fahrgestell an einen alten, improvisierten Achterbahnwagen erinnert.

Avinieren nennt man das Ausspülen eines Weingefäßes mit etwas Wein vor der Verwendung. Auf diese Weise werden dem Glas oder der Karaffe womöglich anhaftende Gerüche oder Rückstände vermindert, die beispielsweise bei der Aufbewahrung, Reinigung oder vorherigen Verwendung entstanden sein können. Man sagt auch, das Glas wird damit weinfreundlich oder weingrün gemacht. Bei professionellen Weinverkostungen wird in der Regel der nächste Wein jeweils zuvor auch als Spülwein verwendet.

Der Kaiser-Keller in Berlin war um 1900 das größte Weinrestaurant der Welt. Es lag in der Friedrichstraße 176–179.

Das Deutsche Weinbaumuseum ist ein überregionales deutsches Museum in Oppenheim und zeigt Ausstellungsstücke aus allen 13 deutschen Weinanbaugebieten für Qualitätswein. Es liegt am Rande der Oppenheimer Altstadt.

––––––––––

Eine Herrentorte besteht aus einzeln gebackenen Böden, deren Zwischenräume mit Weincreme gefüllt sind. »Herren-« wird bei Lebensmitteln traditionell Produkten vorangestellt, die aufgrund von Gärung oder Alkohol (»verdorben«) oder Bitterkeit (»giftig«) tendenziell weniger Anklang bei Frauen (und Kindern) finden, etwa »Herrenschokolade«.

––––––––––

Die Erfindung der Zabaione wird sowohl Bartolomeo Scappi zugeschrieben, einem italienischen Koch des 16. Jahrhunderts, als auch einem Koch am Hof des Herzogs Karl Emanuel I. von Savoyen im 17. Jahrhundert. Zabaione ist eine Weinschaumcreme, die mit Eigelb und Zucker schaumig geschlagen wird, anschließend wird Marsala dazugegeben.

––––––––––

Ähnlich wie die Zabaione wird auch die Welfenspeise zubereitet, nämlich mit einer Weincreme aus geschlagenem Eigelb, Weißwein und Zitronensaft.

––––––––––

Im Londoner Nobelkaufhaus Harrods kann man deutschen Weißwein kaufen – für 1000 Pfund pro Flasche. Zum Beispiel Schwarzhofberger Kabinett.

Der durchschnittliche Preis für 1 Liter Wein in deutschen Supermärkten beträgt nicht einmal 3 Euro.

Die typische Wölbung im Flaschenboden heißt Culot de Bouteille und dient der Stabilisierung.

In Japan gibt es ein Wellnesscenter, in dem die Gäste in Wein schwimmen können.

Eine Flasche Wein enthält etwa 600 Trauben.

Mundwasser hat mehr Alkohol als Wein.

Der Staat mit dem höchsten Pro-Kopf-Weinverbrauch ist der Vatikanstaat.

_____

Die dunkelgrüne Weinflasche ist eine Erfindung von Sir Kenelm Digby Mitte des 17. Jahrhunderts. Vorher wurde Wein in Ziegenlederschläuchen abgefüllt.

_____

Obwohl Weiß- und Rotwein bei unterschiedlichen Temperaturen getrunken werden, werden beide bei derselben Temperatur gelagert.

_____

Bei der Unterzeichnung der amerikanischen Unabhängigkeitserklärung wurde mit Madeira angestoßen.

_____

Die Ausbildung zum Winzer dauert 36 Monate.

_____

☞ Whisky ☜

Whisky muss, um als Whisky verkauft werden zu dürfen, mindestens drei Jahre in Holzfässern gereift sein.

Der häufigste Whisky-Rohstoff ist Gerste, aber auch Mais, Roggen und Weizen. Beim begehrten Single Malt wird ausschließlich Gerste verwendet. Bourbon besteht dagegen zu mindestens 51 Prozent aus Mais.

Whisky bedeutet »Wasser des Lebens«.

Die Schreibweise Whiskey statt Whisky entstand erst im Laufe des 19. Jahrhundert.

Whisky wurde in Schottland und Irland bereits im Mittelalter gebrannt, hauptsächlich in Klöstern.

1494 wurde Whisky zum ersten Mal urkundlich in den schottischen Steuerunterlagen erwähnt, als der Benediktiner-Mönch John Cor aus dem Kloster Lindores in der damaligen schottischen Hauptstadt Dunfermline 8 Bollen Malz einkaufte. Eine Bolle ist ein altes schottisches Getreidehohlmaß und entspricht 210,1 Litern oder 62 Kilogramm Malz. 8 Bollen entsprachen rund 500 Kilogramm (etwa 400 Flaschen Whisky).

———————————

Whiskysteuern gibt es seit 1643.

———————————

George Washington besaß selbst eine Whisky-Brennerei. Dennoch erhob er nach dem Unabhängigkeitskrieg eine Steuer auf Whisky, um die Kosten für den Krieg zu bezahlen. Das führte zur Whisky-Rebellion, die jedoch niedergeschlagen wurde. Die amerikanischen Whiskybrenner zogen dann weiter nach Westen, nach Kentucky und Tennessee, wo heute noch die meisten Whiskybrennereien in den Vereinigten Staaten sind.

———————————

In Western-Filmen wird häufig Bourbon getrunken – es ist aber sehr wahrscheinlich, dass der Whiskey auf dem Weg nach Westen gestreckt wurde und einfach nur noch hochprozentiger Alkohol mit Whiskeygrundlage war, wenn er im Westen ankam.

———————————

Durch die amerikanische Prohibition (1920–1933) mussten die meisten kleinen Brennereien in Amerika schließen. Auch in Schottland führte dies zur Schließung vieler Brennereien (beispielsweise in Campbeltown auf der Halbinsel Kintyre). Whisky aus der Brennerei Laphroaig galt allerdings zu Zeiten der Prohibition in Amerika als Arznei und war als einziger Whisky in Apotheken erhältlich.

Mittlerweile ist die Whisky-Trinkkultur sehr ausdifferenziert. Zahlreiche Whiskysorten werden unterschieden – nach Getreideart, nach der Lagerung, nach der Herkunft, nach dem Brennverfahren, nach dem Gärverfahren usw. Auch in Deutschland, Österreich und der Schweiz gibt es mittlerweile zahlreiche Klein- und Kleinstbrennereien.

Bei Altersangaben muss immer das Alter des jüngsten Whiskybestandteiles angegeben werden. Das wird mit der Angabe »NAS« oder »No Age Statement« umgangen.

Der Ausdruck »on the rocks«, also »auf Eis«, kommt wohl daher, dass früher kalte Flusskieselsteine genommen wurden, um den Whisky im Glas zu kühlen.

Malt Whiskys werden eher pur oder als Sour getrunken, Bourbon oder Rye Whiskeys sind die Grundlage für eine Reihe von Cocktails: Mint Julep, Old Fashioned oder Manhattan zum Beispiel.

Jim Beam war eigentlich Deutscher und hieß Jakob Böhm.

In jeder Sekunde werden 42 Flaschen Whisky aus Schottland exportiert.

Im Zweiten Weltkrieg wurde in Schottland die Whiskyproduktion weitgehend eingestellt. Die Destillerien wurden angehalten, Treibstoff und Penicillin zu fertigen.

Frank Sinatra wurde mit einer Flasche Jack Daniel's begraben.

Im Juni 1875 fing ein Whisky-Lagerhaus in Dublin Feuer, woraufhin sich ein brennender Whiskystrom über die Straßen Dublins ergoss. 13 Menschen verloren ihr Leben.

Seit 1956 ist das Wort Whisky das W im NATO-Buchstabieralphabet.

In Schottland leben derzeit etwa fünf Millionen Einwohner. Schätzungen zufolge lagern etwa 20 Millionen Whiskyfässer im Land. Das bedeutet, dass auf einen Einwohner vier Fässer kommen.

In Island gibt es zwei Whisky-Brennereien. Beide verwenden Schafdung statt Torf, um rauchigen Whisky zu erzeugen.

☞ Wodka ☜

Wodka bedeutet »Wässerchen« (im Polnischen genauso wie im Russischen).

Wodka ist dem Korn sehr ähnlich, sowohl in seinen Ausgangsstoffen als auch in der Herstellung. Wodka wird jedoch stärker gefiltert, weswegen im Wodka fast nur noch Wasser und Ethanol sind – und er deswegen auch geschmacksneutral ist.

Wodka kann aus ganz verschiedenen Ausgangsstoffen hergestellt werden, solange diese Kohlenhydrate enthalten. In Osteuropa ist besonders Wodka auf Basis von Roggen verbreitet, aber auch die Verwendung von Kartoffeln ist üblich.

Eine Reifung ist bei Wodka nicht erforderlich und würde auch nichts bringen.

Wodka hat einen fast neutralen Geschmack und ist daher sowohl zum Purtrinken als auch als Grundlage für Mischgetränke sehr geeignet.

Der erste Wodka wurde im Jahr 1405 in der polnischen Stadt Sandomierz gebrannt. Der mittelalterliche Wodka hatte eine Alkoholkonzentration von etwa 25 Prozent. Zunächst wurde der Wodka nicht zum allgemeinen Konsum, sondern als Arzneimittel eingesetzt. Im Mittelalter machte er dem Bier und Wein in Polen keine ernsthafte Konkurrenz als Alltagsgetränk.

Der polnische Arzt und Botaniker Stefan Falimirz sammelte gängige Rezepte und Herstellungsmethoden von verschiedenen Spirituosen, unter anderem des Wodkas, sowie ihre heilsamen Wirkungen in dem 1534 veröffentlichten Buch *O ziołach i mocy ich* (deutsch etwa: Über die Kräuter und ihre Kräfte).

Zunächst war im Russischen Zarenreich das private Brennen von Wodka verboten und der Ausschank war nur in lizenzierten Tavernen erlaubt. Zar Peter der Große gab schließlich die Wodkaproduktion frei, erhob jedoch eine Wodkasteuer. Zarin Katharina die Große

schränkte das wieder ein und nur noch Staatsunternehmen durften Wodka herstellen.

———————————

Wegen des Beginns der Kleinen Eiszeit in der Frühen Neuzeit ging der Weinbau in Polen zurück und es stieg zunächst die Getreideproduktion. Als dann die Getreideexporte nach Norddeutschland, in die Niederlande und nach England einbrachen, gab es einen Getreideüberschuss in Polen, der zu Wodka verarbeitet wurde.

———————————

Als die Kartoffel im 19. Jahrhundert in Russland eingeführt wurde, kam es zu einer regelrechten Wodkaschwemme – häufig in schlechter Qualität.

———————————

Der Chemiker Dmitri Mendelejew hat nicht nur das Periodensystem der Elemente entwickelt, sondern auch die Maßeinheit Gramm für Wodka eingeführt.

———————————

Die älteste Wodkamarke der Welt ist Wyborowa aus dem polnischen Posen. Wodka Wyborowa wird dort seit 1823 hergestellt.

———————————

Die erste deutsche Wodkamarke war Adler – ab 1874 in Berlin entwickelt.

Zar Nikolaus II. von Russland verbot 1914, beim Ausbruch des Ersten Weltkriegs, den Ausschank und Verkauf von Wodka, was die Unzufriedenheit schürte und auch den Staatsfinanzen schweren Schaden zufügte. Eine der ersten Plünderungen der Oktoberrevolution 1917 betraf die Alkoholvorräte des Zaren.

Die Revolutionäre von 1917 versuchten ebenfalls, den Wodkakonsum einzudämmen und hielten das Wodkaverbot aufrecht. 1925 mussten sie das Verbot jedoch wieder aufheben – sie benötigten die Steuern aus Herstellung und Verkauf. Später unter Stalin bestritt das Wodkamonopol einen Großteil des Staatshaushalts.

Durch das Verbot der Wodkaherstellung im Ersten Weltkrieg und auch nach der Oktoberrevolution mussten zahlreiche Wodkahersteller nach Westdeutschland fliehen und sorgten so für die Verbreitung des Getränks.

Die Marke Wodka Gorbatschow wurde nicht nach Michail Gorbatschow benannt, sondern ist weit älter. Wodka Gorbatschow wird seit 1921 in Berlin hergestellt. Leo Gorbatschow besaß eine Wodkadestillerie in St. Petersburg und musste im Jahr 1917 während der Oktoberrevolution fliehen. Er siedelte sich in Berlin an, wo er schließlich die Erlaubnis bekam, Wodka herzustellen. Die charakteristische Flaschenform erinnert an die traditionellen russischen Zwiebeltürme, wie sie zum Beispiel auf der Basilius-Kathedrale in Moskau zu sehen sind. Über die Grenzen Berlins hinaus bekannt wurde Wodka Gorbatschow erst nach dem Zweiten Weltkrieg.

Auch die Wodkabrennerei Smirnoff verließ Russland im Jahr 1917. Zunächst zog Smirnoff nach Konstantinopel, dann nach Lemberg in Polen und schließlich nach Paris.

Neben Russland und Polen sind vor allem die skandinavischen Länder bedeutende Wodkahersteller. Absolut Vodka wurde im Jahr 1879 im südschwedischen Ahus gegründet.

Auch Donald Trump produzierte Wodka unter dem Markennamen Trump Vodka. Die Produktion begann im Jahr 2005, wurde aber schon

2011 wegen wirtschaftlichen Misserfolgs eingestellt. Die Glasflasche erinnert an einen Wolkenkratzer, auf jeder Flaschenseite mit einem großen T.

Wasser mit einem Schuss Wodka hält Schnittblumen länger frisch.

Selbstgemachtes Eis wird besonders cremig, wenn man einen Löffel Wodka in die Eismasse gibt. Das verhindert Überfrieren.

Wodka ist ideal zum Fensterputzen. Eine Tasse Wodka, vermischt mit Essig, Seife und Wasser macht Fenster streifenfrei sauber.

In Deutschland wird pro Kopf durchschnittlich 1 Liter Wodka pro Jahr getrunken.

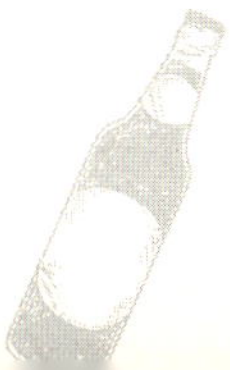

Der sogenannte Wodkagürtel ist das historische Zuhause des Wodkas: Russland, Weißrussland, Ukraine, Litauen, Lettland, Estland, Polen, Finnland, Schweden und Norwegen.

Wodka ist leichter als Wasser – 1 Liter Wasser wiegt 1000 Gramm, 1 Liter Wodka wiegt 950 Gramm.